# Frankfurt

# 個人旅行主張

有人在旅行中享受人生，
有人在進修中順便旅行。
有人隻身前往去認識更多的朋友，
有人跟團出國然後脫隊尋找個人的路線。
有人堅持不重複去玩過的地點，
有人每次出國都去同一個地方。
有人出發前計畫周詳，
有人是去了再說。
這就是面貌多樣的個人旅行。

不論你的選擇是什麼，
一本豐富而實用的旅遊隨身書，
可以讓你的夢想實現，
讓你的度假或出走留下飽滿的回憶。

*有行動力的旅行，從太雅出版社開始。*

個人旅行 113

作者◎賈斯云

太雅出版社

個人旅行 113

# 法蘭克福

## 目錄

# 作 者 序

## Ich Liebe Frankfurt！

一個人從德國回到台灣，又去了中國打拚，回到台灣幾年後，最終還是回到這片讓人又愛又恨的德國定居。這一路過來也10幾年有餘，從動態觀光客(因為每年必回來一次法蘭克福)變成常態居民，內心感受與經歷大小事情後的視野，讓我可以用不同角度，透過太雅出版社的《法蘭克福》旅遊工具書，介紹這座城市給大家認識。畢竟用雙棲身分的角度，讓我也更認識這座德國美譽「曼哈頓」(Mainhattan)的金融城市，所以探索、發掘這裡的人文歷史、旅遊景點給大家知道。

這一路的採訪、撰寫，的確不易。得要謝謝太雅出版社給了我一個這樣的機會，以及耐心的溝通，終於可以把《法蘭克福》這本旅遊工具書呈現給大家。還有身邊的親朋好友，陪著我一起拍照又記錄；以及身邊的德國友人，不厭其煩的跟我解釋法蘭克福以及周邊城市的歷史故事。還有德文學校的好友與老師，提供了許多在地人的獨家景點。

因為所有的所有親愛的你／妳們，讀者們才能有幸看到不一樣的法蘭克福。這座城市不大，但橫向的深度文化，都盡所能的在這本書都告訴你了！

## 關於作者｜賈斯云Elyse

十多年前因緣際會，初次來到德國前五大的行銷設計公司實習工作，就愛上德國的理智感性。回台灣後，仍心繫於此，因此每年都會回到這裡，同時也會前往其他歐洲國家探險、旅遊，用鏡頭記錄每一段回憶旅程，至今也與德國結下10年有餘的不解之緣，爾後亦決定定居在此。從遊客變成居民，心境上的感受與體驗截然不同。

由於本身從事平面、網頁、包袋平面設計的相關工作，對於美感十分要求，熱愛攝影，運用鏡頭記錄下城市的美麗，透過《法蘭克福》一書，將最實在、實用的城市風情、生活資訊提供給讀者。

粉絲頁：www.facebook.com/eigudde

Instagram： www.instagram.com/eigudde

# 來自編輯室

## 使用上要注意的事

### 出發前，請記得利用書上提供的Data再一次確認

每一個城市都是有生命的，會隨著時間不斷成長，「改變」於是成為不可避免的常態，雖然本書的作者與編輯已經盡力，讓書中呈現最新最完整的資訊，但是，我們仍要提醒本書的讀者，必要的時候，請多利用書中的電話，再次確認相關訊息。

### 資訊不代表對服務品質的背書

本書作者所提供的飯店、餐廳、商店等等資訊，是作者個人經歷或採訪獲得的資訊，本書作者盡力介紹有特色與價值的旅遊資訊，但是過去有讀者因為店家或機構服務態度不佳，而產生對作者的誤解。敝社申明，「服務」是一種「人為」，作者無法為所有服務生或任何機構的職員背書他們的品行，甚或是費用與服務內容也會隨時間調動，所以，因時因地因人，可能會與作者的體會不同，這也是旅行的特質。

### 新版與舊版

太雅旅遊書中銷售穩定的書籍，會不斷再版，並利用再版時做修訂。通常修訂時，還會新增餐廳、店家，重新製作專題，所以舊版的經典之作，可能會縮小版面，或是僅以情報簡短附錄。不論我們作何改變，一定考量讀者的利益。

### 票價震盪現象

越受歡迎的觀光城市，參觀門票和交通票券的價格，越容易調漲，但是調幅不大(例如倫敦)，若到現場後出現跟書中的價格有微小差距，請以平常心接受。

### 謝謝眾多讀者的來信

過去太雅旅遊書，透過非常多讀者的來信，得知更多的資訊，甚至幫忙修訂，非常感謝你們幫忙的熱心與愛好旅遊的熱情。歡迎讀者將你所知道的變動後訊息，善用我們提供的「線上讀者情報上傳表單」或是直接寫信來taiya@morningstar.com.tw，讓華文旅遊者在世界各地成為彼此的幫助。

太雅旅行作家俱樂部

# 如何使用本書

本書精采單元：風情掠影、分區導覽、熱門景點、逛街購物、美食餐廳、住宿情報、近郊小旅行、旅遊黃頁簿以及各區專題報導。多元豐沛的資訊，兼具廣度與深度，一網打盡個人旅行所需。

## 【風情掠影】

以生活化的筆觸，描繪法蘭克福的歷史—背著歷史枷鎖的德意志聯邦共和國、戰火重生後的城市、生活文化—注重綠色關懷意識、購物—德國連鎖百貨及藥妝店推薦、法蘭克福紀念品，以及德意志製造的工藝、家居設計商品；國民美食—舌尖上的法蘭克福等。

## 【行程規畫】

提供以天數或主題旅遊為主的行程規畫，讓你的旅行有不同的組合可以搭配。本書提供以老城區為主的4日遊，以及博物館深度3日遊；另還規畫近郊4日輕旅行。

## 【熱門景點】

作者長駐當地、親身推薦的法蘭克福旅遊景點，除了知名必遊，也有作者從旅行經驗中發現的獨家的私房地點。並附上交通方式、開放時間等資訊。讀者可清楚知道該怎麼去、怎麼玩。

## 【美食餐廳】

分區介紹當地特色餐廳，除了德式烤豬肋排、蘋果酒、特色咖哩腸等道地菜肴餐廳外，還有背包客最需要的省錢美味輕食店、百年烘焙麵包坊，以及當地人常造訪的印度、土耳其等異國餐廳。

## 【逛街購物】

分區介紹必逛必買的特色品：雙人牌餐具、勃肯鞋專賣店、手工巧克力、時尚設計的家居用品、可以帶回台灣的香腸罐頭等。

## 【住宿情報】

提供不同價位等級的住宿情報；「奢華精品酒店」適合追求品質享受的旅客。「公寓設計酒店」適合喜愛自己動手下廚的遊客。「青年旅舍」則適合愛交友的背包客。

## 【深度特寫】

在每個分區景點之後，作者會選出某個值得深入介紹的事物，讓讀者不只是到此一遊，還能知道該地重要的歷史、典故，或是隱藏版的驚喜。

## 【旅行小抄】

為讀者設身處地設想，提供實用小提示；或該頁景點額外延伸的順遊推薦資訊。

**【玩家交流】**

作者個人經驗分享，提醒讀者要留意的細節、獨特的美感體驗等等。

**【知識充電站】**

旅行中必知的小常識或延伸閱讀。

**【郊區導覽】**

本書提供從法蘭克福出發，1小時左右可到的近郊城市，包括巴特瑙海姆(著名的溫泉度假療養勝地)、威斯巴登(德國黑森邦的首府)呂德斯海姆(聞名世界的葡萄酒鄉)、海德堡(童話之路)等6個郊區，讓你的旅行更為豐富充實。

**【旅遊黃頁簿】**

出發前勤做功課，是個人旅行的不二法門。本書企劃行前準備、機場與交通、消費與購物、日常生活資訊等遊客行程所需，讓行程規畫得更為完整，有效提升行前規畫的準確度。

**【分區地圖】**

每個分區都有附詳細的地圖提供讀者索引，羅列書中景點、購物店、餐廳、住宿，及法蘭克福重要車站與地鐵站等位置，只要按圖索驥便能輕鬆找到目的地。

---

## 【資訊使用圖例】

- 地址
- 電話
- 時間
- 休息
- 價錢
- 交通指引
- 停留時間
- 注意事項
- 資訊
- 地圖位置
- 網址
- Email
- FB

## 【德國交通使用圖例】

德國國鐵

通勤電車

地鐵

## 【地圖使用圖例】

- 旅遊景點
- 博物館、美術館
- 教堂
- 寺廟
- 世界遺產
- 購物
- 餐廳
- 咖啡廳
- 酒吧、夜店
- 住宿
- 娛樂、劇院
- 機場
- 電車站、地鐵站
- 巴士、巴士站
- 火車站
- 渡輪、碼頭
- 纜車
- 計程車
- 自行車
- 溫泉
- 按摩、SPA
- 步道
- 露營區
- 泳池、海灘
- 地標
- 醫院
- 停車場
- 加油站
- 廁所
- 電梯
- 電扶梯
- 樓梯
- 寄物處
- 無障礙設施
- 匯兌處
- 遊客中心

# 看懂德國重要交通標誌

在市區行駛時，要注意行駛限速、單行道、停車、行車優先權與禮讓行人。尤其是特別標註行駛限速的路段，通常都設有照相機，應避免旅遊至外地還要處理麻煩的罰單。在德國自駕較麻煩的是，所有路口皆無英文標誌。認識簡單的行駛標誌，在德語系國家開車旅行會比較順暢喔！

## 認識一般道路交通標誌

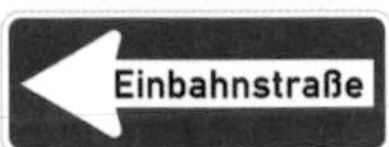


**單行道**
看方向會分左與右

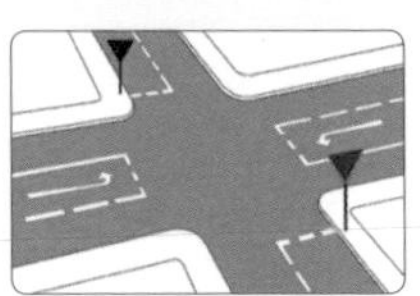

**禮讓優先權**
看到此倒三角標誌，駕駛需禮讓左右來方車輛

**優先權道路**

**停車臨停時間**
此標誌有限制臨停時間，需在車內窗前放置停車時間卡，將時間調至離開當時的時間

**禁止停車**

**右邊開始禁止停車**

**限速結束**

**限速開始**

## 認識高速公路交通標誌



**高速公路出口**



**改道警告標誌**

**高速公路線路編號**

**省道線路編號**

**往高速公路**

**高速公路行駛方向預告標誌**

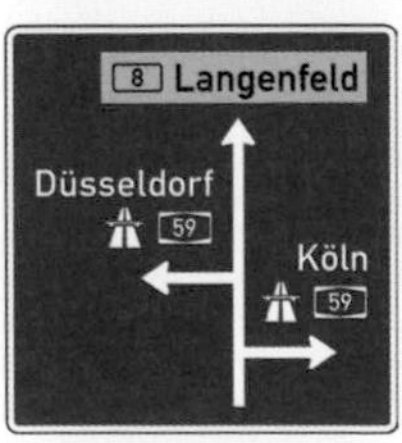


**高速公路或省道預告標誌**

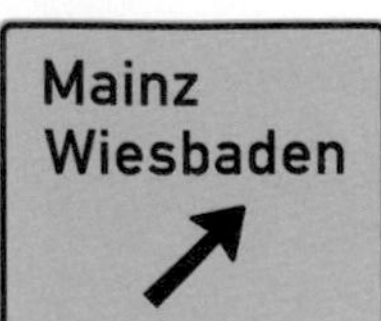


**高速公路出口預告標誌**

法蘭克福市區簡圖
波恩海姆區、
奧斯坦德與諾登區
德國聯邦銀行貨幣博物館
Geldmusuem
黑森購物中心
Hessen Zentrum
博肯海姆區、
韋斯藤德區
P.12～13
P.14～15
P.16～17
P.18～19
老城區、加魯斯與
古特呂維爾特區
歌德塔
Goetheturm
法蘭克福城市森林
Stadtwald
薩克豪森區及
法蘭克福南邊

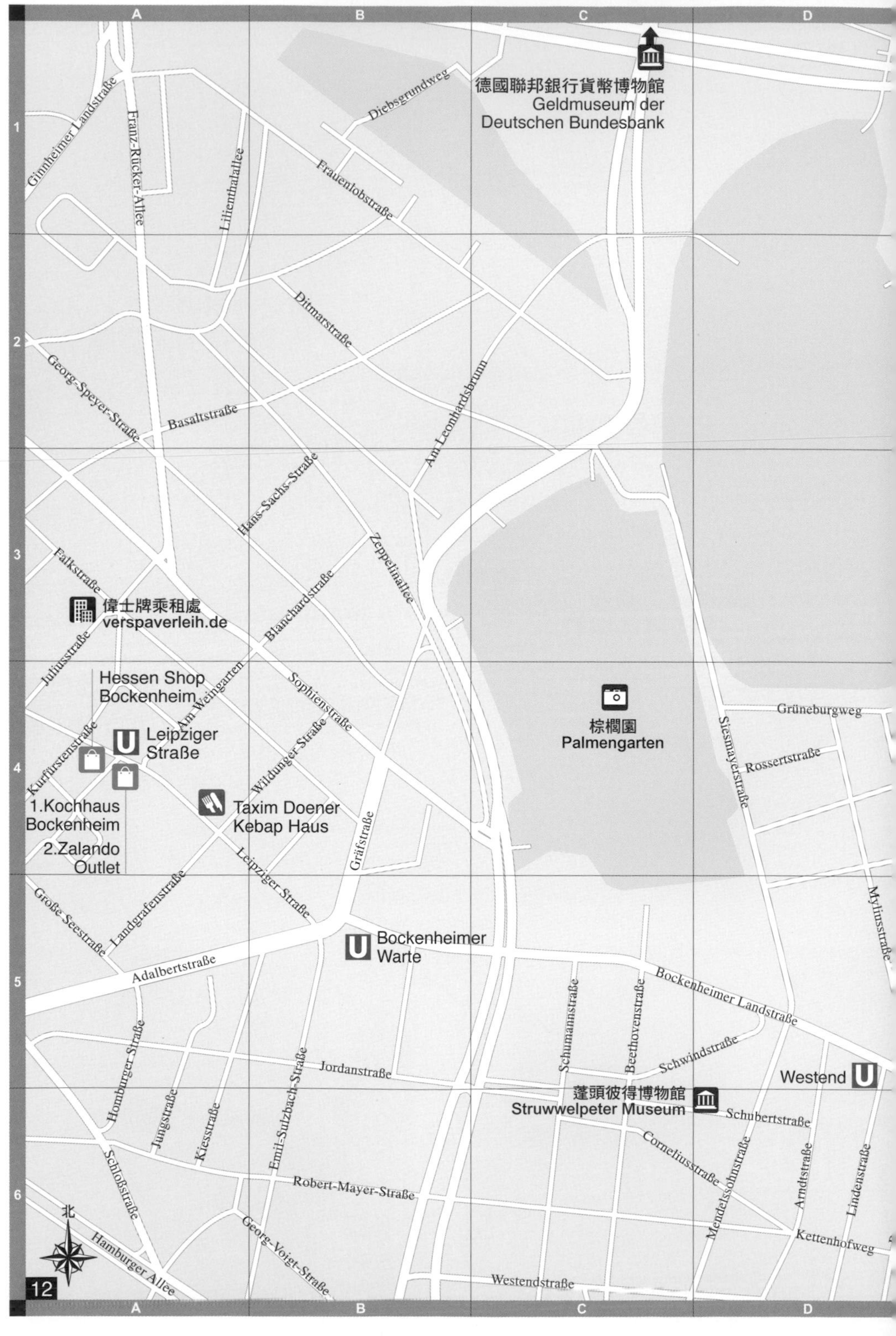
德國聯邦銀行貨幣博物館
Geldmuseum der
Deutschen Bundesbank
偉士牌乘租處
verspaverleih.de
Hessen Shop
Bockenheim
Leipziger
Straße
1.Kochhaus
Bockenheim
2.Zalando
Outlet
Taxim Doener
Kebap Haus
棕櫚園
Palmengarten
Bockenheimer
Warte
Westend
蓬頭彼得博物館
Struwwelpeter Museum
Ginnheimer Landstraße
Franz-Rücker-Allee
Lilienthalallee
Diebsgrundweg
Frauenlobstraße
Ditmarstraße
Georg-Speyer-Straße
Basaltstraße
Am Leonhardsbrunn
Hans-Sachs-Straße
Zeppelinallee
Falkstraße
Blanchardstraße
Juliusstraße
Am Weingarten
Sophienstraße
Kurfürstenstraße
Wildunger Straße
Grüneburgweg
Siesmayerstraße
Rossertstraße
Gräfstraße
Leipziger Straße
Große Seestraße
Landgrafenstraße
Adalbertstraße
Bockenheimer Landstraße
Myliusstraße
Schumannstraße
Beethovenstraße
Schwindstraße
Homburger Straße
Jordanstraße
Emil-Sulzbach-Straße
Jungstraße
Kiesstraße
Schubertstraße
Corneliusstraße
Mendelssohnstraße
Arndtstraße
Lindenstraße
Robert-Mayer-Straße
Schloßstraße
Kettenhofweg
Georg-Voigt-Straße
Hamburger Allee
Westendstraße
北
A
B
C
D
1
2
3
4
5
6

E
F
G
H
1
2
3
4
5
6
Voelckerstraße
Neuhaußstraße
Melemstraße
Cronstettenstraße
Stralsunder Straße
Rostocker Straße
Wismarer Straße
Siolistraße
Hansaallee
普爾希大樓
Poelzig-Bau / Campus Westend
Bremer Straße
Fürstenbergerstraße
August-Siebert-Straße
Wolfsgangstraße
Leerbachstraße
Parkstraße
Oberlindau
Böhmerstraße
Feldbergstraße
Freiherr-vom-Stein-Straße
Liebigstraße
Unterlindau
Grüneburgweg
Friedrichstraße
Altkönigstraße
Reuterweg
Im Trutz Frankfurt
Eppsteiner Straße
Elsheimerstraße
Kronberger Straße
Gärtnerweg
Staufenstraße
Wöhlerstraße
Fellnerstraße
Eschenheimer Tor
Querstraße
Bockenheimer Landstraße
Leerbachstraße
Eschenheimer Tor
Oberlindau
Sofitel Frankfurt Opera
舊歌劇院
Alte Oper
Hochstraße
Taubenstraße
Schillerstraße
Große Eschenheimer Straße
Liebigstraße
Niedenau
Hilton Frankfurt City Centre
Alte Oper

A
B
C
D
1
2
3
4
5
6
Rat-Beil-Straße
Spohrstraße
Kreutzerstraße
Gleimstraße
Gellertstraße
Butzbacher Straße
Hallgartenstraße
Martin-Luther-Straße
Rotlintstraße
Böttgerstraße
Schwarzburgstraße
Rohrbachstraße
Lenaustraße
Lortzingstraße
Egenolffstraße
Neuhofstraße
Vogelsbergstraße
Friedberger Landstraße
Wielandstraße
Zeißelstraße
Koselstraße
Harvey's
Bornheimer Landstraße
Feststraße
Luisenstraße
Schopenhauerstraße
Merianstraße
Bäckerweg
Herbartstraße
Berger Straße
Musikantenweg
Gaußstraße
Elkenbachstraße
Seumestraße
Merianplatz
Schweiger's Mint
Kantstraße
Hegelstraße
Mercatorstraße
Mauerweg
Blumenstraße
Sternstraße
Unterweg
Eschenheimer Anlage
Petersstraße
Feinfrankfurt
貝特曼公園
Bethmannpark
Taste of India
Sandweg
Michis Schokoatelier
Thomasiusstraße
Baumweg
Monsonstraße
Friedberger Anlage
Krögerstraße
Bleichstraße
Alte G
Elefantengasse
Fichtestraße
Hermesweg
Tía Emma
Vilbeler Straße
Seilerstraße
Klapperfeldstraße
Palmstraße
Königswarterstraße
Stephanstraße
The Listener
北
Brönnerstraße
Schäfergasse
Baltique Deli
Heiligkreuzgasse
Zoo

E
F
G
H
1
2
3
4
5
6
君特斯堡公園
Günthersburgpark
Bornheim Mitte
波恩海姆農夫市集
Wochenmarkt Bornheim
Höhenstraße
Eissporthalle
Parlamentsplatz
Habsburgerallee
法蘭克福動物園
Zoo Frankfurt
Weidenbornstraße
Comeniusstraße
Wetteraustraße
Im Prüfling
Throner Straße
Rendeler Straße
Alt-Bornheim
Turmstraße
Große Spillingsgasse
Eulengasse
Freihofstraße
Buchwaldstraße
Falltorstraße
Gronauer Straße
Neebstraße
Heidestraße
Löwengasse
Ringelstraße
Andreaestraße
Eberhardstraße
Orthstraße
Florstädter Straße
Stockheimer Straße
Inheidener Straße
Ortenberger Straße
Saalburgstraße
Wiesenstraße
Burgstraße
Eichwaldstraße
Petterweilstraße
Germaniastraße
Spessartstraße
Fechenheimer Straße
Mainkurstraße
Pestalozzistraße
Ettlinger Straße
Wittelsbacherallee
Karl-Albert-Straße
Karl-Flesch-Straße
Arnsburger Straße
Roßdorfer Straße
Freiligrathstraße
Gagernstraße
Bornheimer Landwehr
Am Buchwald
Würzburger Straße
Scheidswaldstraße
Linnéstraße
Reinganumstraße
Simsonstraße
Parlamentsstraße
Ingolstädter Straße
Wingertstraße
Helmholtzstraße
Brüder-Grimm-Straße
Dahlmannstraße
Rhönstraße
Luxemburgerallee
Auerswaldstraße
Jacobystraße
Waitzstraße
Geibelstraße
Droysenstraße
Kinkelstraße
Ravensteinstraße
Pfungstraße
Unterer Atzemer
Am Tiergarten
Wittelsbacherallee

Frankfurt(Main) Messe
Festhalle / Messe
Skyline Plaza
法蘭克福中央車站
Frankfurt (Main) Hauptbahnhof
旅遊中心
Varrentrappstraße
Hamburger Allee
Schumannstraße
Mendelssohnstraße
Beethovenstraße
Westendstraße
Bettinastraße
Savignystraße
Erlenstraße
Brüsseler Straße
Osloer Straße
Europa-Allee
Kölner Straße
Frankenallee
Koblenzer Straße
Speyerer Straße
Hafenstraße
Rudolfstraße
Ludwigstraße
Ottostraße
Adam-Riese-Straße
北

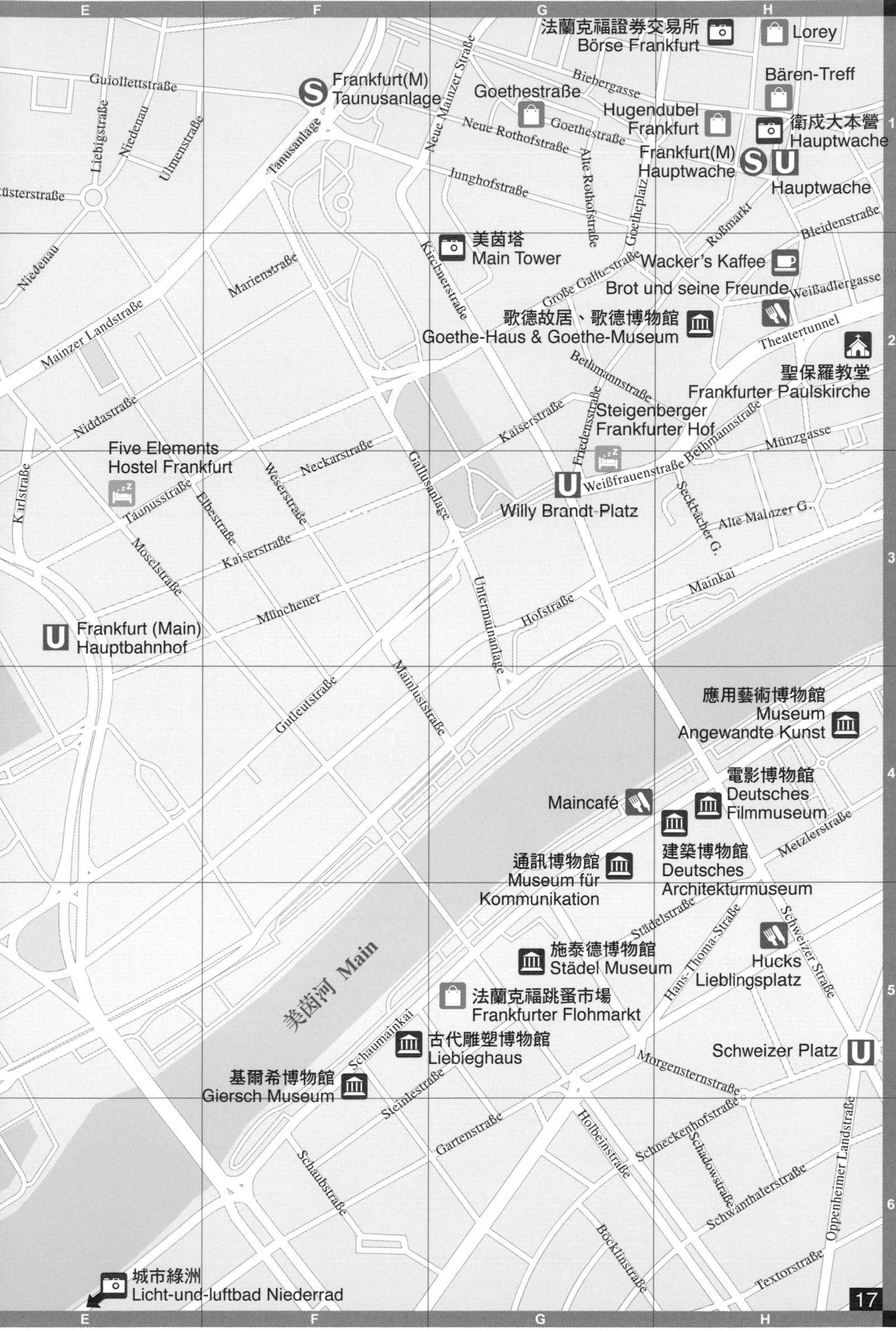

法蘭克福證券交易所
Börse Frankfurt
Lorey
Bären-Treff
Frankfurt(M)
Taunusanlage
Goethestraße
Hugendubel
Frankfurt
衛戍大本營
Hauptwache
Frankfurt(M)
Hauptwache
Hauptwache
美茵塔
Main Tower
Wacker's Kaffee
Brot und seine Freunde
歌德故居、歌德博物館
Goethe-Haus & Goethe-Museum
聖保羅教堂
Frankfurter Paulskirche
Steigenberger
Frankfurter Hof
Five Elements
Hostel Frankfurt
Willy Brandt-Platz
Frankfurt (Main)
Hauptbahnhof
應用藝術博物館
Museum
Angewandte Kunst
電影博物館
Deutsches
Filmmuseum
Maincafé
建築博物館
Deutsches
Architekturmuseum
通訊博物館
Museum für
Kommunikation
施泰德博物館
Städel Museum
Hucks
Lieblingsplatz
法蘭克福跳蚤市場
Frankfurter Flohmarkt
古代雕塑博物館
Liebieghaus
Schweizer Platz
基爾希博物館
Giersch Museum
美茵河 Main
城市綠洲
Licht-und-luftbad Niederrad
Guiollettstraße
Liebigstraße
Niedenau
Ulmenstraße
Rüsterstraße
Tanusanlage
Neue Mainzer Straße
Biebergasse
Neue Rothofstraße
Goethestraße
Alte Rothofstraße
Junghofstraße
Goetheplatz
Roßmarkt
Bleidenstraße
Kirchnerstraße
Große Gallusstraße
Weißadlergasse
Theatertunnel
Marienstraße
Mainzer Landstraße
Bethmannstraße
Niddastraße
Kaiserstraße
Friedensstraße
Münzgasse
Neckarstraße
Weserstraße
Gallusanlage
Weißfrauenstraße
Seckbächer G.
Alte Mainzer G.
Karlstraße
Taunusstraße
Elbestraße
Moselstraße
Untermainanlage
Mainkai
Münchener
Hofstraße
Gutleutstraße
Mainluststraße
Metzlerstraße
Städelstraße
Hans-Thoma-Straße
Schweizer Straße
Schaumainkai
Morgensternstraße
Steinlestraße
Gartenstraße
Holbeinstraße
Schneckenhofstraße
Schadowstraße
Schaubstraße
Schwanthalerstraße
Oppenheimer Landstraße
Böcklinstraße
Textorstraße
E
F
G
H
1
2
3
4
5
6

Jumeirah Frankfurt
Zeil
Best Worscht in Town
MyZeil購物中心
Konstablerwache
Albusstraße
Breite G.
聖母教堂
Liebfrauenkirche
Töngesgasse
Kleinmarkthalle
現代藝術博物館
Museum für
Moderne Kunst
An der Kleinmarkthalle
Battonnstraße
Konrad-Adenauer-Straße
Klingerstraße
Stoltzestraße
Allerheiligenstraße
Lange Straße
Friedberger Anlage
Hanauer Landstraße
Grüne Straße
Theobald-Christ-Straße
Hölderlinstraße
Frankfurt(M)
Ostenstraße
猶太人小巷博物館
Museum Judengasse
Uhlandstraße
Bitter & Zart
Last Century Modern
Naschmarkt am Dom
Börneplatz
Rechneigrabenstraße
Schwanenstraße
Ostendstraße
法蘭克福大教堂
Frankfurter Dom
Dom / Römer
Weckmarkt
Saalgasse
Große Fischerstraße
Mainstraße
Obermainanlage
1法蘭克福藝術協會
Frankfurter Kunstverein
2舊市政廳、羅馬廣場
Römer、Römerberg
3聖尼可拉斯教堂
Alte Nikolaikirche
4歷史博物館
Historisches Museum Frankfurt
5席恩美術館
Schirn Kunsthalle
6羅馬廣場住宅區
DomRömer-Quartier
1MAGGI Kochstudio Frankfurt
2BIRKENSTOCK
3ZWILLING
法蘭克福鐵路蒸汽老火車
Fahren auf der Frankfurter Hafenbahn
郵輪搭乘處
Primus-Linie / KD
美茵河 Main
Alte Brücke
法蘭克福鐵橋
Eiserner Steg
Löherstraße
Dreikönigsstraße
Schulstraße
Schifferstraße
Haus der Jugend
聖像博物館
Ikonen-Museum
Frankensteiner Straße
Elisabethenstraße
Die Brücke
designe, kleine!
Libertine Lindenberg
Große Rittergasse
當代藝術文創空間
AusstellungsHalle 1A
Wallstraße
FA:ME-The Sandwich Shop
Wasserweg
1.Atschel
2.Markt im Hof
Neuer Wall
Ebbelwoi Unser
Willemerstraße
Abtsgäßchen
Seehofstraße
Launitzstraße
Stegstraße
Laubestraße
Souchaystraße
Brückenstraße
Heisterstraße
Zwischenstraße
Mühlbruchstraße
Gutzkowstraße
Lokalbahnhof
Auf dem Mühlberg
Hedderichstraße
Hühnerweg
Apfelwein Wagner
Mörfelder Landstraße
Quirinsstraße
Wendelsweg
法蘭克福南站
Frankfurt Süd
DB
Kranichsteiner Straße
Grethenweg
Living Hotel Frankfurt
北

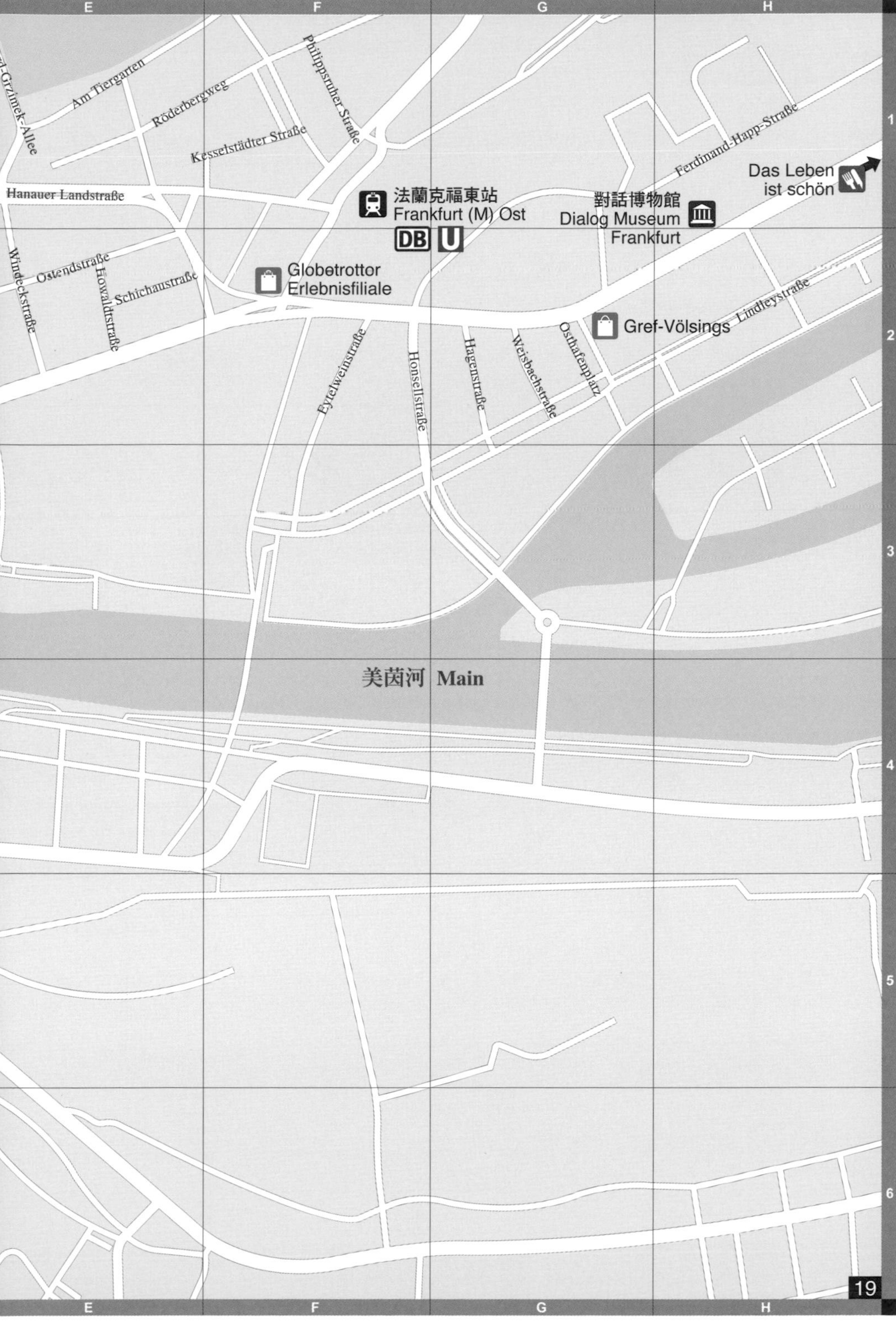
E
F
G
H
1
2
3
4
5
6
Am Tiergarten
Röderbergweg
Philippsruher Straße
Kesselstädter Straße
Ferdinand-Happ-Straße
Hanauer Landstraße
法蘭克福東站
Frankfurt (M) Ost
DB
U
對話博物館
Dialog Museum
Frankfurt
Das Leben
ist schön
Windeckstraße
Ostendstraße
Howaldtstraße
Schichaustraße
Globetrottor
Erlebnisfiliale
Gref-Völsings
Lindleystraße
Eytelweinstraße
Honsellstraße
Hagenstraße
Weisbachstraße
Osthafenplatz
美茵河 Main

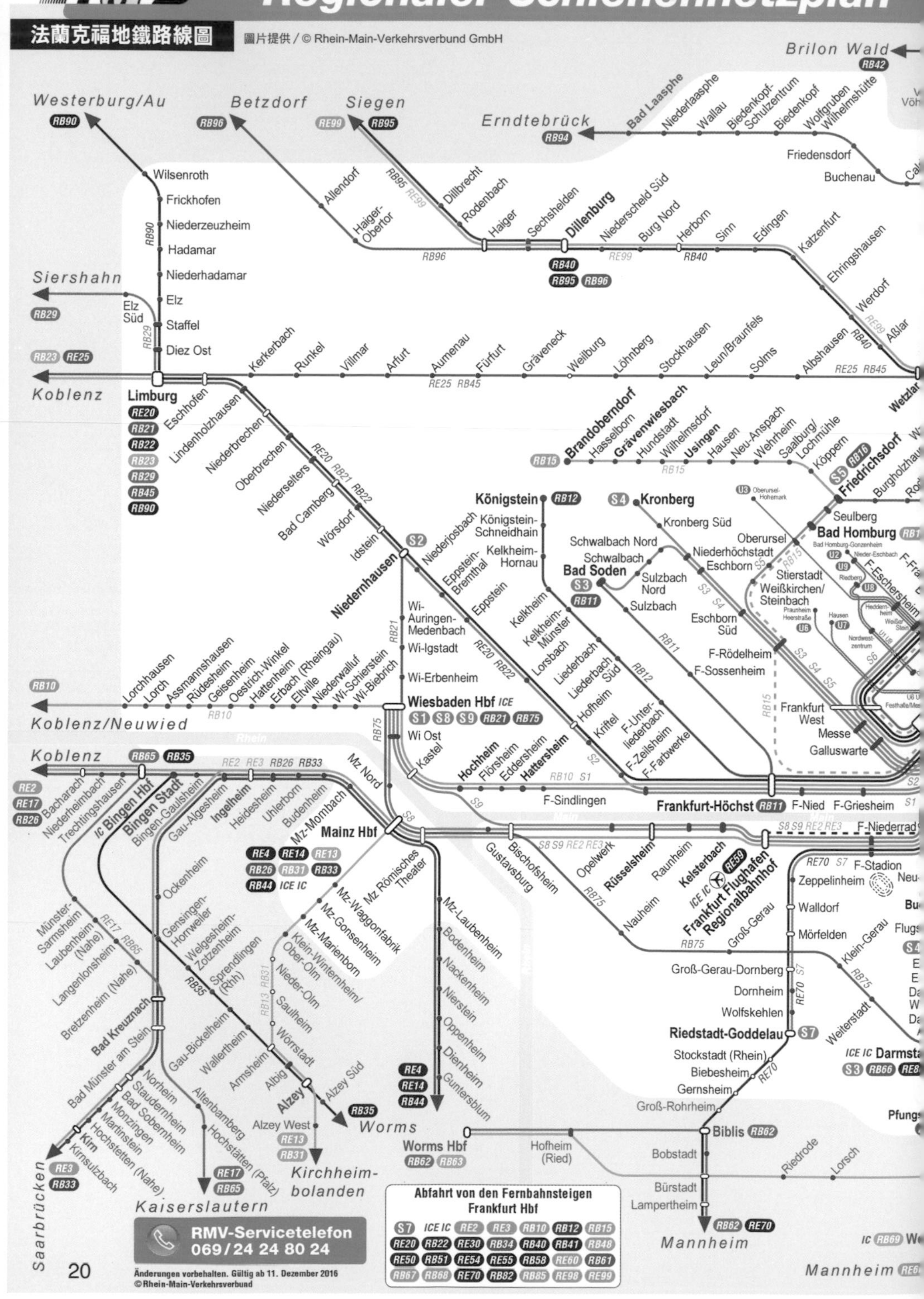

RMV
Regionaler Schienennetzplan
法蘭克福地鐵路線圖
圖片提供 / © Rhein-Main-Verkehrsverbund GmbH
Brilon Wald RB42
Westerburg/Au RB90
Betzdorf RB96
Siegen RE99 RB95
Erndtebrück RB94
Bad Laasphe
Niederlaasphe
Wallau
Biedenkopf-Schulzentrum
Biedenkopf
Wolfgruben
Wilhelmshütte
Friedensdorf
Buchenau
Wilsenroth
Frickhofen
Niederzeuzheim
Hadamar
Niederhadamar
Elz
Staffel
Diez Ost
Elz Süd
Siershahn RB29
RB23 RB25
Koblenz
Limburg RE20 RB21 RB22 RB23 RB29 RB45 RB90
Allendorf
Haiger-Obertor
Dillbrecht
Rodenbach
Haiger
Sechshelden
Dillenburg RB40 RB95 RB96
Niederscheld Süd
Burg Nord
Herborn
Sinn
Edingen
Katzenfurt
Ehringshausen
Werdorf
Aßlar
Wetzlar
Kerkerbach
Runkel
Villmar
Arfurt
Aumenau
Fürfurt
Gräveneck
Weilburg
Löhnberg
Stockhausen
Leun/Braunfels
Solms
Albshausen
RE25 RB45
Eschhofen
Lindenholzhausen
Niederbrechen
Oberbrechen
Niederselters
Bad Camberg
Wörsdorf
Idstein
Niedernhausen
RB15 Brandoberndorf
Hasselborn
Grävenwiesbach
Hundstadt
Wilhelmsdorf
Usingen
Hausen
Neu-Anspach
Wehrheim
Saalburg/Lochmühle
Köppern
S5 RB16 Friedrichsdorf
Burgholzhausen
Seulberg
Bad Homburg
Königstein RB12
Königstein-Schneidhain
Kelkheim-Hornau
S4 Kronberg
Kronberg Süd
Schwalbach Nord
Schwalbach
Bad Soden S3 RB11
Sulzbach Nord
Sulzbach
Oberursel
Niederhöchstadt
Eschborn
Stierstadt
Weißkirchen/Steinbach
Eschborn Süd
F-Rödelheim
F-Sossenheim
Frankfurt West
Messe
Galluswarte
Niederjosbach
Eppstein-Bremthal
Eppstein
Kelkheim
Kelkheim-Münster
Lorsbach
Liederbach
Liederbach Süd
Hofheim
Kriftel
F-Unterliederbach
F-Zeilsheim
F-Farbwerke
Wi-Auringen-Medenbach
Wi-Igstadt
Wi-Erbenheim
Wiesbaden Hbf ICE S1 S8 S9 RB21 RB75
Wi Ost
Kastel
RB10 Koblenz/Neuwied
Lorchhausen
Lorch
Assmannshausen
Rüdesheim
Geisenheim
Oestrich-Winkel
Hattenheim
Erbach (Rheingau)
Eltville
Niederwalluf
Wi-Schierstein
Wi-Biebrich
Hochheim
Flörsheim
Eddersheim
Hattersheim
F-Sindlingen
Frankfurt-Höchst RB11
F-Nied
F-Griesheim
Koblenz RB65 RB35
RE2 RE17 RB26
Bacharach
Niederheimbach
Trechtingshausen
IC Bingen Hbf
Bingen Stadt
Bingen-Gaulsheim
Gau-Algesheim
Ingelheim
Heidesheim
Uhlerborn
Budenheim
Mz-Mombach
Mz Nord
Mainz Hbf RE4 RE14 RE13 RB26 RB31 RB33 RB44 ICE IC
Bischofsheim
Gustavsburg
Opelwerk
Rüsselsheim
Raunheim
Kelsterbach
ICE IC RE59 Frankfurt Flughafen Regionalbahnhof
F-Niederrad
F-Stadion
Zeppelinheim
Neu-Isenburg
Walldorf
Mörfelden
Nauheim
Groß-Gerau
Klein-Gerau
Groß-Gerau-Dornberg
Dornheim
Wolfskehlen
Riedstadt-Goddelau S7
Weiterstadt
ICE IC Darmstadt S3 RB66 RE8
Stockstadt (Rhein)
Biebesheim
Gernsheim
Groß-Rohrheim
Biblis RB62
Bobstadt
Bürstadt
Lampertheim
Riedrode
Lorsch
Mannheim RB62 RE70
Mannheim
Hofheim (Ried)
Worms Hbf RB62 RB63
Münster-Sarmsheim
Laubenheim (Nahe)
Langenlonsheim
Bretzenheim (Nahe)
Bad Kreuznach
Bad Münster am Stein
Norheim
Staudernheim
Bad Sobernheim
Monzingen
Martinstein
Hochstetten (Nahe)
Kirn
Kirnsulzbach
Saarbrücken RE3 RB33
Ockenheim
Gensingen-Horrweiler
Welgesheim-Zotzenheim
Sprendlingen (Rhh)
Gau-Bickelheim
Wallertheim
Armsheim
Albig
Alzey
Alzey Süd
Alzey West RE13 RB31
Altenbamberg
Hochstätten (Pfalz)
Kaiserslautern RE17 RB65
Kirchheimbolanden
Worms RB35
Mz Römisches Theater
Mz-Waggonfabrik
Mz-Gonsenheim
Mz-Marienborn
Klein-Winternheim/Ober-Olm
Nieder-Olm
Saulheim
Wörrstadt
Mz-Laubenheim
Bodenheim
Nackenheim
Nierstein
Oppenheim
Dienheim
Guntersblum
RE4 RE14 RB44
Abfahrt von den Fernbahnsteigen Frankfurt Hbf
S7 ICE IC RE2 RE3 RB10 RB12 RB15
RE20 RB22 RE30 RB34 RB40 RB41 RB48
RE50 RB51 RE54 RE55 RB58 RE60 RB61
RB67 RB68 RE70 RB82 RB85 RE98 RE99
RMV-Servicetelefon 069/24 24 80 24
Änderungen vorbehalten. Gültig ab 11. Dezember 2016
©Rhein-Main-Verkehrsverbund

U-Bahn Frankfurt
S-Bahn Rhein-Main
RegionalExpress
Regionalbahn
hält außerhalb des S-Bahn-Netzes in der Regel an allen Stationen
nur in der Hauptverkehrszeit oder Einzelfahrten
Stationen im Übergangsverkehr
ICE IC Fernverkehrsanschluss
Korbach
Kassel
RE30 RB38 RB39 RE98 Kassel
RB39 Bad Wildungen
Wabern-Zennern
Wabern IC
Fra.-Goßberg
Frankenberg (Eder)
Birkenbringhausen
Wiesenfeld
Ernsthausen
Münchhausen
Simtshausen
Wetter
Lahntal-Sarnau
Goßfelden
RB42
RB94
Bürgeln
Anzefahr
Kirchhain
Stadtallendorf IC
Neustadt
Schwalmstadt-Wiera
Schwalmstadt-Treysa RB41 IC
Neuental-Schlierbach
Neuental-Zimmersrode
Borken
Borken-Singlis
RE30 RB41 RE98
RE30 RB38 RE98
Cölbe
RB42 RB94 Marburg
Marburg Süd
Niederweimar
Niederwalgern
Fronhausen
Friedelhausen
Lollar
Gießen Oswaldsgarten
RE25 RB46 RB49 IC Gießen
Großen-Buseck
Reiskirchen
Saasen
Göbelnrod
Grünberg
Lehnheim
Mücke
Nieder-Ohmen
Burg- und Nieder Gemünden
Ehringshausen
Zell-Romrod
Alsfeld
Lauterbach Nord
Angersbach
Bad Salzschlirf
Großenlüder
Oberbimbach
RB45
Gießen Licher Straße
Gießen Erdkauter Weg
Watzenborn Steinberg
Garbenteich
Lich
Langsdorf
Hungen
Trais-Horloff
Ober-Widdersheim
Borsdorf
Nidda RB48
RB46
Wölfersheim-Södel RB47
Melbach
Großen Linden
Langgöns
Kirch-Göns
Butzbach
Ostheim
Bad Nauheim
Friedberg Süd
Dorheim
Beienheim
Weckesheim
Reichelsheim
Gettenau-Bingenheim
Echzell
RB47
RB48
Bruchenbrücken
Nieder-Wöllstadt
Okarben
Groß-Karben
Dortelweil
Bad Vilbel
Bad Vilbel Süd
Friedberg IC
S6 RB16 RB47 RB48
Assenheim
Bad Vilbel-Gronau
Niederdorfelden
Schöneck-Oberdorfelden
Schöneck-Kilianstädten
Ober-Widdersheim Häuserhof
Bad Salzhausen
Ranstadt
Effolderbach
Glauburg-Stockheim
Nidderau-Eichen
Altenstadt-Höchst RB34
Glauburg-Glauberg
Altenstadt-Lindheim
Altenstadt
Bleichenbach
Büches-Düdelsheim
Büdingen
Mittel-Gründau
Lieblos
RB49
RB34
RB34 RB41 RE98 RE99
Kassel RB5
Göttingen RB7
Rotenburg a. d. Fulda
Rotenburg-Lispenhausen
RB7 RE50 Bebra IC
Eisenach
Ludwigsau-Friedlos
Bad Hersfeld ICE
Hannetal-Neukirchen
Burghaun
Hünfeld
RB5 RE50
ICE IC RB5 RB15 RE50 RB52 Fulda
Eichenzell
Welkers
Rönshausen
Lütter
Ried
Schmalnau
Hettenhausen
Altenfeld
Gersfeld (Rhön)
RB52
Neuhof
Flieden
RB53 Schlüchtern
Sterbfritz
Jossa
RB53
Steinau a.d.Str.
Bad Soden-Salmünster
Wächtersbach RB51
Wirtheim
Haitz-Höchst
RB46 Gelnhausen
RB53 Gemünden
Hailer-Meerholz
Niedermittlau
Langenselbold
RE50 RB51
Preungesheim
Bornheim Mitte
Enkheim
U4 U7
U5
Taunusanlage
Hauptwache
Konstablerwache
Frankfurt Ost
U6
Ostendstr.
F-Mainkur
Maintal West
Maintal Ost
Hanau-Wilhelmsbad
Hanau West
RE54 RB58 RE59
Schöneck-Büdesheim
Nidderau-Windecken
Nidderau
Ostheim
Bruchköbel
Hanau Nord
S8 S9 ICE IC RB56 RB49 Hanau Hbf
Hanau-Wolfgang
Rodenbach
RB49
Hbf
F-Mühlberg
Of-Kaiserlei
Ledermuseum
Marktplatz
Offenbach Ost
Mühlheim
Dietesheim
Hanau-Steinheim
S8 S9
S1 S2 S8 S9
Stresemann-allee
Lokalbahnhof
RE50 RB51 RE55 RE85
RE50 RB51 RE55 RE85
Of-Bieber
Of-Waldhof
Obertshausen
Weiskirchen
Hainhausen
Jügesheim
Dudenhofen
Nieder-Roden
Rollwald
S1 Rödermark-Ober-Roden
S5 S6 Frankfurt Süd ICE
U1 U2 U3 U8
Offenbach Hbf
Heusenstamm
Steinberg
Dietzenbach Mitte
S2 Dietzenbach Bf
Sprendlingen
Weibelfeld
Dreieichenhain
Götzenhain
Offenthal
Urberach
RB61
Eppertshausen
Münster
Dieburg RB61
Altheim
Hergershausen
Darmstadt Nord
Darmstadt-Kranichstein
Messel
RB75
Hanau-Großauheim
Großkrotzenburg
RB56
Kahl
Hanau Klein-Auheim
Hainburg Hainstadt
Seligenstadt
Mainhausen Zellhausen
Babenhausen
Babenhausen Langstadt
Groß-Umstadt Klein-Umstadt
Groß-Umstadt Mitte
Groß-Umstadt Wiebelsbach
RE54 RE55 RB58 RE59
RE85 RB86
Niedersteinbach
Strötzbach
Mömbris-Mensengesäß
Schimborn
Königshofen
Blankenbach
Schöllkrippen RB56
Michelbach
Kälberau
Alzenau Burg
Alzenau
Alzenau Nord
Kahl Kopp/Heide
Dettingen (Main)
Rückersbacher Schlucht
Kleinostheim
Aschaffenburg Hbf RB58 RE59 RB75 ICE IC
Hösbach
Laufach
Heigenbrücken
RE54 RE55
RE54 RE55
Würzburg
Stockstadt (Main)
Mainaschaff
Aschaffenburg Hochschule
Aschaffenburg Süd
Obernau
Sulzbach am Main
Kleinwallstadt
Obernburg-Elsenfeld
Glanzstoffwerke
Erlenbach am Main
Wörth am Main
Klingenberg am Main
Laudenbach am Main
Kleinheubach
Miltenberg
Freudenberg-Kirschfurt
Collenberg
Dorfprozelten
Stadtprozelten
Faulbach a.M.
Lauda
Breitendiel
Weilbach in Unterfranken
Amorbach
Schneeberg im Odenwald
Seckach
RE80 RB81 RB82
Darmstadt Süd
Darmstadt-Eberstadt
Bickenbach
Hähnlein-Alsbach
Zwingenberg
Bensheim-Auerbach
Bensheim RB69 IC
Heppenheim
Laudenbach
Hemsbach
Lützelsachsen
RB68 Heidelberg
Darmstadt Ost
Darmstadt TU-Lichtwiese
Mühltal
Ober-Ramstadt
Reinheim
Otzberg Lengfeld
Fürth RB69
Lörzenbach-Fahrenbach
Rimbach
Zotzenbach
Mörlenbach
Reisen
Birkenau
Höchst Hetschbach RB86
Höchst (Odw.)
Höchst Mümling-Grumbach
Bad König
Bad König Zell
Michelstadt
Erbach (Odw.) Nord
Erbach (Odw.) RE80 RE85
Beerfelden Hetzbach
Hesseneck Schöllenbach
Hesseneck Kailbach
Eberbach RB81 RB82
RE80 RB81 RB82
RB81 RB82
Hirschhorn
Neckarhausen b. Neckarsteinach
Neckarsteinach
Heidelberg
Mosbach/Heilbronn

# 法蘭克福
# 風情掠影

Goethestraße
LOUIS VU

# 背著歷史枷鎖的德意志聯邦共和國

歷經近代史上毀滅性的二次世界大戰及殘酷猶太人大屠殺後的德國，1949年由同盟國分區占領德國，分裂東西兩德：西德聯邦共和國(FRG)和東德民主共和國(GDR)。冷戰期間，由於西德政治與經濟皆比東德進步，因此1950年代不少東德居民非法越境西德。東德政府1961年由西柏林邊境起在兩德建立了柏林圍牆，並對越境者加以射殺。蘇聯的衰落和共產主義的垮台，最終版圖在1990年10月3日再次統一。由16個聯邦一統成爲：德意志聯邦共和國。

隨著東西德統一，德國走入現代化強權國家行列，更加積極發展工業、科技與藝術，並成爲歐洲人口最多的國家，強化了歐盟和非洲大陸經濟、政治和安全組織的關鍵成員。而2015年的難民接受政策，也是總理總理梅克爾(Angela Dorothea Merkel)爲19世紀納粹德國曾犯下的錯誤，而做的人文關懷政策。

**1.**象徵德國標誌的布蘭登堡門／**2.**德國聯邦議會／**3.**紀念冷戰後的柏林圍牆紀念館／**4.**為柏林圍牆倒塌時，而建起的查理檢查哨(Checkpoint Charlie)

知識充電站

## 德國小檔案

- **官方名稱：**德意志聯邦共和國，德文稱Bundesrepublik Deutschland，簡稱Deutschland。國際官方稱Federal Republic of Germany，簡稱Germany。
- **首都：**柏林，從歷史與政治上占有極大意義，在東西德合併之後，這個城市的迷人色彩吸引了世界各地的人們前往居住，至今有340萬居民在此生活。
- **地理：**總體面積為357,031平方公里，位於歐洲的中心，也是歐洲第七大面積國家。北部邊境從北海與波羅的海和丹麥相接，西部由荷蘭、比利時、盧森堡以及法國接壤，東部則由捷克共和國與波蘭為邊境。
- **人口數：**至2017年約有8,100多萬人，為歐盟中人數最多的國家，也是世界上僅次於美國的第二名移民國家。
- **族群：**主要仍是德國人，北方居住少數丹麥人，部分斯拉夫民族住在東部，而外國居民約730萬。
- **官方語言：**德國官方正統德語為Hochdeutsch，各地方言也眾多。其第二語言為英語、法語。

德國主要城市位置圖
地圖繪製／張蓓蓓、地圖修訂／許志忠
丹麥
北海
基爾Kiel
Schleswig Holstein
羅斯托克Rostock
烏塞頓島Usedom
Mecklenburg Vorpommern
漢堡Hamburg
施威林 Schwerin
Bremen
易北河Elbe
Hamburg
不萊梅Bremen
Brandenburg
波蘭
Niedersachsen
(Lower Saxony)
波茨坦Potsdam
柏林Berlin
Berlin
荷蘭
漢諾威Hannover
瑪格德堡Magdeburg
Nordrhein-Westfalen
(North Rhine Westphalia)
Sachsen-Anhalt
哥廷根 Göttingen
多特蒙德Dortmund
萊比錫Leipzig
杜塞道夫Düsseldorf
Sachsen
(Saxony)
萊茵河
艾而福Erfurt
科隆Köln
(Cologne)
威瑪Weimar
德勒斯登Dresden
Thüringen
(Thuringia)
Hessen
比利時
威斯巴登Wiesbaden
法蘭克福
Frankfurt
美茵河Main
捷克
Rheinland-Pfalz
美茵茲Mainz
盧森堡
海德堡Heidelberg
紐倫堡Nürnberg
Saarland
薩爾不魯根Saarücken
內卡爾河
黑森林 Schwarzwald
斯圖加特
Stuttgart
多瑙河Donau
Bayern
(Bavaria)
法國
Neckar
Baden-Württemberg
慕尼黑
München
(Munich)
奧地利
弗萊堡Freiburg
瑞士
阿爾卑斯山Alpen
黑森邦主要城市位置圖
黑森邦
Hessen
巴特瑙海姆
Bad Nauheim
陶努斯山脈
Taunus
法蘭克福
Frankfurt
威斯巴登
Wiesbaden
赫斯特
Höchst
呂德斯海姆
Rüdesheim
am Main
海德堡
Heidelberg
GEDENKSTÄTTE
BERLINER MAUER
ALLIED CHECKPOINT
US ARMY CHECKPOINT
3
4

# 戰火重生後的法蘭克福

西元8世紀歐洲之父查理曼大帝(Karl I der Große，747～814年)當時在一場戰役中打了敗戰，退到美茵河畔，但卻因爲不了解河道不敢貿然渡河，突然見一隻鹿輕而易舉涉水而過，查理大帝率軍渡河，順利將危機逆轉爲安。因此，查理大帝下令在當地建造一座城市，取名爲「法蘭克福」(Frank-furt)，意思是「法蘭克人的渡口」。西元794年，法蘭克福成爲查理大帝的行都，使其在歷史上首次載入史冊。自此之後，法蘭克福的特殊地理位置，讓其在德意志政治舞台扮演著重要角色。

然而，早在西元3000年前，有證據顯示羅馬主教山(Cathedral Hill)正在一點一滴的建造。而中世紀莫洛溫時代(Merovingian Era)的法蘭克王朝率領的羅馬軍隊也在西元83年左右在此駐營。西元843年，法蘭克福成爲當時東法蘭克王國重要的皇家領土與議會鎮地。1220年，法蘭克福成爲自由帝國城市，從此不屬於任何一個帝國管轄，直轄於神聖羅馬帝國皇帝。而從1356年開始，神聖羅馬帝國的卡爾四世(Karl IV，1316～1378年)頒布金印詔書(Goldenen Bulle)，宣布法蘭克福成爲選舉神聖羅馬帝國皇帝的法定城市，因此1562～1792年間，法蘭克福成爲帝候選的加冕地，前後共有10位皇帝在法蘭克福大教堂冠冕(Kaiserdom Sankt Bartholomäus)。

1815年，法蘭克福成爲自由市和聯邦議會的所在地。1848年，3月革命在德國各邦爆發，同年，國民議會也在法蘭克福聖保羅教堂寫下德意志歷史上第一部民主憲法。1871年普法戰爭終正式結束，法國爲戰敗國，雙方和解在此簽訂法蘭克福條約。19世紀的法蘭克福開

始了城市的擴張，短短時間內該城市成爲當時德國占地面積最大的城市。也在1879年和1962年間開始建造許多重要機構，如證券交易所(1879年)、舊歌劇院(1880年)、中央車站(1888年)、市民大學(1914年)，以及首座法蘭克福機場(1926年)。

然而，20世紀的第二次世界大戰中，有9,000名猶太人受德國納粹迫害，且二戰時法蘭克福遭受33次的嚴重空中襲擊，所有的老城區的市中心幾乎全毀，千年的歷史古城燒成廢墟。二戰結束後，美國針對西歐國家進行了馬歇爾計畫，協助法蘭克福經濟與重建計畫，例如皇帝大教堂與羅馬廣場，則是爲了讓返鄉的人們找回曾經熟悉的生活城市而重建的歷史建築物。

如今的法蘭克福，從過去一直占有獨特的歷史與地理優勢，使其成爲商業、文化、教育旅遊和交通的樞紐。法蘭克福擁有德國規模最大的商用民航機場，成爲進出歐洲的重要門戶。法蘭克福亦是人文思想家「歌德」的出生地，他的思想與德意志文化緊緊相連，當時首座的市民大學隨後也改稱歌德大學。而展覽舉辦在法蘭克福也是世界最大的博覽會之一，尤其是最具國際的車展與書展，是踏入國際市場的最佳門票。最重要的是，法蘭克福是歐洲最重要的金融中心，歐洲中央銀行、德國聯邦銀行、法蘭克福證券交易所、德意志銀行、德國商業銀行等等。也由於是歐洲的金融心臟，亦有「美茵河畔曼哈頓」之一稱(Manhattan am Main)。

1.法蘭克福指標性景點：舊市政廳／2.著名歷史古蹟「羅馬廣場」(圖片提供/ © Frankfurt Tourist+Congress Board, Photo: Holger Ullmann)／3.老城區的「采爾大道」購物區／4.德國證券交易所內每秒不停跳動的DAX指數

知識充電站

## 法蘭克福小檔案

- **官方名稱：**法蘭克福正是全名為：美茵河畔法蘭克福(Frankfurt am Main)，一般國際簡稱法蘭克福(Frankfurt)，國際縮寫為FRA。
- **州府：**威斯巴登(Wiesbaden)，是歐洲最古老的療養地之一，也是黑森州的核心城市之一。
- **地理位置：**位於德國西部聯邦州的黑森州(Land Hessen)，為萊茵河東岸最大支流美茵河的支流城市之一。
- **面積：**248.31平方公里。
- **人口：**至2017年統計約73萬，為德國中部與西南各邦人口數最多的城市。
- **族群：**法蘭克福是一融和多元文化和種族的城市。約一半的人口以及大多數的年輕人，皆有移民背景，城市中約四分之一的人口是外國居民。

# 注重綠色關懷意識的城市

法蘭克福是一座相當關懷綠色生活的城市。早在1805年開始，在老城核心區四周開始規畫了第一期綠帶環，第二期開始擴大至城市的邊境，只可惜後來在18、19世紀時爲經濟發展之需，已變成高速公路之用。

現今規畫的第三期綠帶環(Frankfurter Grüngürtel，環繞整座城市的環狀綠帶)，由於市民抗議環境被破壞與綠黨積極提倡，終於在1991年通過綠帶環憲法，讓法蘭克福擁有完整城市綠化帶，提供一處讓市民或遊客踏青、騎鐵馬的郊外環城休閒地，也保護極爲重要的自然保護區以及城市的水源地。

綠帶環約占地8,000公頃，大約是整座城市的三分之一，有時候，若在比較郊區一點的森林裡，還可以看見鹿呢！所以法蘭克福可以說是完整地保護了環境與野生動植物共生生態的網絡。

**1.**愜意享受綠色城市的市民／**2.**當地人在閒暇之餘，也非常喜歡在陶努斯山健行／**3.**綠化城市裡也不乏親子遊戲設施／**4.**週末時，家家戶戶都會來到綠色公園或森林放鬆

# 國際商展指標城市

提到全球國際商展，擁有775年策展歷史與經驗的法蘭克福展覽（Frankfurt Messe），絕對是世界數一數二的舉辦商龍頭，更是各業界發展趨勢指標，從生活消費與休閒展的國際文具用品展覽會，紡織品工藝領域的國際家用紡織品博覽會可以說是紡織業界流行發展趨勢的亮點。

德國著名的技術與生產領域，尤以每兩年一次的國際汽車展（Internationale Automobil-Ausstellung，簡稱IAA）是全球新車或概念出發表的矚目焦點，不僅爲全世界五大車展之一，也是歐洲規模最大的車展博覽會。

以及追溯從中世紀既有的，每年舉辦的法蘭克福書展，也是國際間規模最大的國際圖書博覽會，從1976年開始，每年主辦國家皆不同，主辦國藉由該年的主辦權機會，透過各種方式與參與展會的全球其他國家，展示該國的圖書市場、文學以及當地文化的美麗所在。

1.每年每場的展覽，都吸引各地廠商來此拓展市場／2.雕塑家Jonathan Borofsky設計的鐵人(Hammering Man)動力裝置藝術，至今也是法蘭克福商展的指標／3.法蘭克福展覽中心／4.民眾可在車展，近距離乘坐、觸摸知名跑車

# 德意志製造
## 工藝設計、家居設計、生活日常

工藝設計 DB特快車

## ICE

最早期的德國特快車在當年命名爲ICE-V，即是InterCityExperimental的簡稱，是德國在東西德統一前研發高速鐵路的第一款試作型列車，以時速406.9公里，創下當時世界最快高速列車。亦是奠定今日城際特快列車ICE(InterCityExpress)的首款發表作。

1991年開始正式營運第一代的ICE-1，隨後繼續爲德鐵服役的還有ICE-2、ICE-3V、ICE-T、ICE-TD直到現在的ICE等等，儘管這麼多型號但卻堅持著德國工藝打造：線條俐落的外型、人體工學的計算考量、堅持的材質選用，以及車廂內許多貼近人性的優雅設計。若來到德國，不管是旅遊或商務的到訪，一定要搭一次舒適的DB特快車，讓它帶著你體驗踏上德國每一個邦的角落。

**1.**即將駛離法蘭克福的ICE特快車

工藝設計 夢幻逸品的經典相機

## LEICA

講到徠卡(LEICA)，是許多攝影愛好者心中的TOP 5之選，從1925年第一台35mm菲林相機問世至今，多年來它能屹立不搖的原因還是「德意志製造」(MADE IN GERMANY)，並且堅持高品質的生產與其連動測距相機的研發最爲著名。攝影迷們尤其瘋狂M系列的購買收藏，只要擁有了一台「小紅點」，攝影者將爲光圈裡的景色深深著迷；濃厚豔麗的色彩、精緻的細節表現，貴族相機的封號可不是浪得虛名！

攝影迷們鍾愛的Leica M系列 (圖片提供 / © Lecia)

**工藝設計** **經典不敗的國民汽車**

## Volkswagen

講到德國汽車完美工藝，眾所皆知的知名品牌，如賓士(Mercedez-Benz)與寶馬(BMW)是眾多人士追求的夢想車種。然而，歐洲最大的汽車集團其實是福斯(Volkswagen)汽車。福斯汽車精技的造車技術，打造出人人負擔得起的大眾車。

Volks在德文為國民的意思，Wagen在德語意為汽車，所以稱之國民車。經典的金龜車即是在希特勒時代誕生的，政府要求汽車工業應生產出符合效益的國民車，於是當時的保時捷之父費迪南·保時捷(Ferdinand Porsche)，將這不可能的任務付諸實現。後來的福斯也打造不少的經典車款，但每款車的精神永不變：好駕駛、省油、價位合理的國民車。

經典不敗福斯金龜車系列(Volkswagen Beetle Dune)
(圖片提供 / © Volkswagen AG)

**工藝設計** **設計師都傾心的功能鋼筆**

## LAMY

在設計圈常言：設計師都該擁有一枝LAMY鋼筆。有許多人問為什麼？雖然它沒有萬寶龍(Montblanc)榮華高貴，但卻是唯一講求以「功能」為出發點的現代設計。LAMY歷史雖然比起其他德國文具來的年輕，在書寫創新的時代，該品牌第一件作品便與包浩斯學派提倡者獨立設計師Mr.Gerd A. Miiller合作，所以該品牌的創新設計概念至今都與之密切關聯著，材質不僅輕便，還有耐用的不鏽鋼筆尖，德國工藝的墨水匣實用設計以及樸素極簡的設計，在這設計當道的美學生活裡，設計師怎麼不為之傾心呢？

LAMY scala系列 (圖片提供 / © LAMY)

**家居設計** **內斂簡約生活美學寢具**

## ROLF BENZ

1964年，德國室內設計師Rolf Benz成立自家家居品牌，至今已有50多年的歷史，透過德式的製造工藝，堪稱是沙發界的經典精品。尤其是於2004年發表的經典系列DONO Classic，將極致舒適的沙發設計帶進家飾的新里程碑。Rolf Benz的設計訴求僅以簡單、俐落的德式工藝，展現德國人「內斂奢華」的性格，並巧妙地將空間美學與機能設計相互發揮至極致。

經典不敗的Dono Classic系列 (圖片提供 / © ROLF BENZ)

家居設計 奢華頂級銀器餐具

## Robbe & Berking

在德國，餐具不是只有雙人牌(Zwilling J.A. Henckels)或WMF，講到眞正細緻工藝的餐具，當屬Robbe & Berking爲歐洲頂級奢華餐具的代表。逾140年的卓越成就，傳承五代的家族企業，以純手工打造銀飾品與餐具聞名，它是歐洲皇室御用的百年銀器、高級旅館、頂級餐廳或領事館宴會等指定銀器餐具。

Robbe & Berking能夠在歐洲頂級地位屹立不搖，也是對高品質的堅持，遠離自動化的生產，僅透過銀匠對銀器的豐富經驗，將雕刻細磨，一角、一度的拋光，其對銀器製造程序的堅持、手工細節處理的細膩、人體工學的考量等，讓不管是皇室風格或是現代極簡風格的銀器餐具，均散發出尊榮、低調又閃耀的氛圍。

全球200家最大的遊艇中，至少有一半的內飾，是配備Robbe & Berking的白銀；連德國名車BMW 750Li individual或是法國Falcon商務機皆與Robbe & Berking合作，利用國際認證925純銀，結合皮革與木材，打造尊榮與舒適的內裝空間。

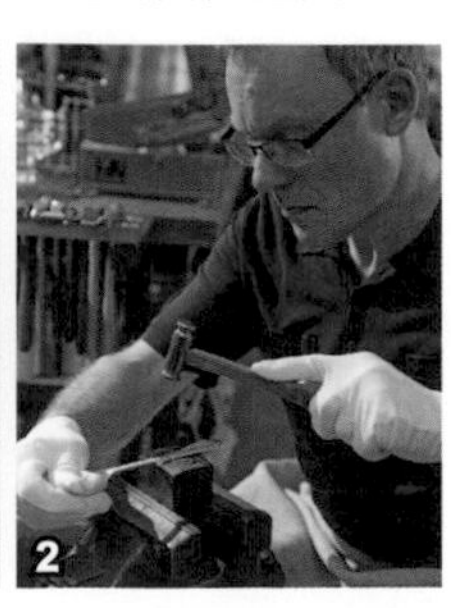

1.ROBBE & BERKING皇室貴族純銀餐具組／2.商品皆為銀匠純手工打造 (以上圖片提供 / © Robbe & Berking)

家居設計 歐洲第一的高級名瓷

## Meissen

第一次受邀到傳統德國家庭共享聖誕節晚餐，爲眼前琳琅滿目的各種雅致瓷器感到驚豔。那時候，我才明白歐洲人對各個瓷器餐盤的用途如此講究，每一組好的瓷具都有家傳的故事。德國人也喜歡能夠長久使用流傳給下一代的優質物品，譬如盤底烙著藍色彎曲雙劍的歐洲第一名瓷邁森(Meissen)，300多年來堅持手工製造優雅與精細的瓷器，在工坊資料庫裡甚至還保存著200多年前的模具與原稿，品牌橫跨古典、浪漫、洛克克與巴洛克時期的風格，但其精神永遠秉持著獨特與完美，領銜高級名瓷之名。

古典歐式餐盤組 (圖片提供 / © Meissen)

生活日常 啤酒、香腸、豬腳嘗鮮

## 品嘗德式風味

講到德國美食，第一個外人聯想到的就是「德國啤酒」，通常當地人在點餐時有兩種選擇：一種是淡啤酒(hell)；另一種則爲我們所謂的黑啤(dunkel)。其他榜上有名的德式風味有「德式豬腳」、「德式香腸」。遊客至當地若有機會品嘗，會發現正統德式美食作法，與其他國家吃到的口感與擺盤甚不相同。

口味清爽的自家釀的淡啤酒，非常好喝

生活日常 運動品牌深受年輕人喜愛

## 德式流行品牌

講到adidas這風行全世界的經典老品牌，三葉草隨著流行不斷快速的變動，它的設計總是在經典中找到嶄新的詮釋，不斷研發、創新材質，加值其產業外，也讓全世界的球鞋愛好者爲之瘋狂。以及後來家族裡的哥哥分家出來的Puma，也透過不少聯名設計的經典款，讓德國的流行運動品牌一直永續。除了運動系列外，休閒系列的Birkenstock與Trippen，也以舒適與人體工學爲訴求。尤其Trippen的以「後現代解構概念」，讓每個系列皆充滿濃厚藝術性與帶入精細工學，深受文藝青年的喜愛。

adidas創新研發未來3D材質的雛型 (圖片提供 / © ADIDAS AG)

生活日常 醫療科學全球信賴

## 德國醫療科學

位居歐洲人口第一的德國，在醫療保健與生命科學的市場是全歐洲之冠。相信各位都聽過德國許多知名藥廠，如拜耳(Bayer)、默克(Merck)與先靈(Schering)等等，相繼與產業結合，也透過純熟的高科技醫學技術，譬如生命科學與醫藥技術等，將德國醫療科學擴展至全世界所信賴的國家品牌保證。

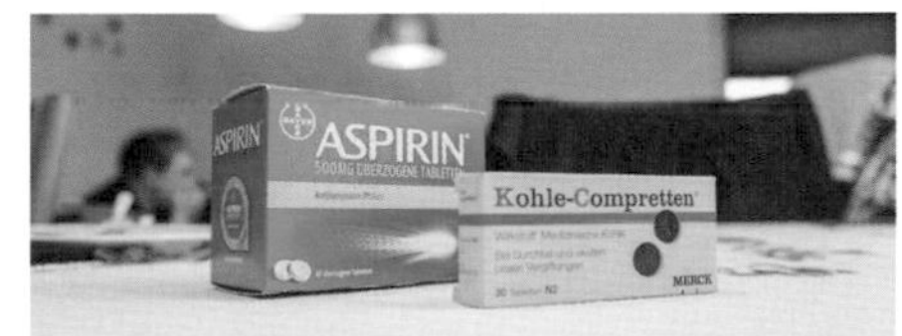


拜耳於1899年將阿斯匹靈註冊商標，至今仍為使用最廣泛的藥物之一

知識充電站

### 包浩斯的德國

象徵德國現代主義建築的包浩斯美學(Bauhaus)，同時注重建築造型與實用機能性，該美學主義至今不僅表現在空間顯學，更涉入藝術、工業設計亦或是平面設計等。尤其在今日社會，越來越多理性美學，趨向於去繁從簡，處處彰顯其風格對現代美學生活具有深遠的影響。

包浩斯風格象徵的是簡潔、實用、幾何美學共並存於一形體

# 舌尖上的法蘭克福

## 大家都說必吃的 德國豬腳

其實來到德國，才發現當地人並不怎麼愛吃德國豬腳，原因是他們不太愛吃腳掌碰地的部位。另外，其實豬腳在世界大戰期間，是屬於窮人家吃的食物，因爲這個部位便宜，醃製後也可保存較長時間，足以在戰爭期間養活一家子。

德國豬腳有分兩種：一種烤得像脆皮似的叫作Haxe，一般會先以鹽巴、大蒜、黑胡椒、葛縷子與黑啤酒先醃製，再去烘烤；若喜歡口感滑嫩一點的，可以點水煮的Eisbein。通常豬腳都佐以醃製酸菜與馬鈴薯泥，倘若不愛馬鈴薯泥者，也可以詢問店家，是否能換成炸薯條，也是滿不錯的組合。

1.Haxe烤德國豬腳／2.Eisbein水煮德國豬腳

## 喝一杯很法蘭的 蘋果酒

在法蘭克福所處的黑森邦，可說是製造蘋果酒的重要產地與發源地，其最大的製造商爲POSSMAN，酒精度含量約在5.5～7%，飲用溫度適宜於10～14度之間，品嘗起來稍微乾澀與微酸。品酒方式可隨季節變換，夏天可選擇冰鎮的酒，清爽解渴，冬天可選擇溫熱的蘋果酒溫暖身軀喔！

到餐廳一般有3種飲法：第一種爲純蘋果酒(Pur)，喜歡蘋果酒原汁原味入口微酸乾澀的人士可以嘗試看看；第二種爲蘋果氣泡酒(Sauer)，混和了三分之一的氣泡水，通常德國人夏天都會選擇這飲法，清爽又解渴，也很適合初次品酒的人士；第三種為甜味蘋果酒(Süß)，調以Lemonade(果汁飲品)，也有人喜歡加芬達汽水，可調和其微酸口感，適合愛甜味的人士。而冬天若想試試溫熱的蘋果酒就點一杯Heißer Apfelwein，調味些許糖與肉桂，也是很值得一試。

傳統盛蘋果酒的蘋果酒壺(Bembel)
(圖片提供 / © Frankfurt Tourist+Congress Board, Photo: Holger Ullmann)

**蘋果酒的稱呼**

蘋果酒在餐廳菜單寫作Apfelwein，另外也有其他別稱：Äppelwoi、Äppler、Appelwein、Ebbelwoi、Ebbelwei、Schoppe與Stöffche。

## 平凡卻無法忘卻的 德國香腸

講到德國香腸，可以說在德國人的心中，永遠有一席之地。德國香腸種類繁多，根據統計大約有1,500種。德國人平均每年食用約30公斤的香腸，但香腸在國際衛生組織健康報告中，卻被貼上增加致癌食品的標籤；然而，德國香腸的腸衣，大約有60%是天然的，加上德國對食品管制的高標準，相對其他國家的香腸，比較健康一點。尤其是肉販賣的香腸，一定都是限量手工新鮮現做的。

法蘭克福也有最引以為傲的香腸，名為法蘭克福香腸(Frankfurter Würstchen)，堅持使用上等的豬瘦肉以山櫸木煙燻，在這區域非常知名。一般會以麵包佐以黃芥末搭配著吃，簡單又美味。

法蘭克福香腸外觀比較細，另外一種肉腸則比較粗，兩者各有不同風味

## 傳統料理 水煮豬肋排

法蘭克福水煮豬肋排(Frankfurter Rippchen)是該地區的道地傳統料理。醃製過後的肋排，以水煮方式烹調，上盤通常佐以德國酸菜、黃芥末以及馬鈴薯泥。若不喜歡馬鈴薯泥，也可替換成酸種麵包或者馬鈴薯沙拉，也是不錯的選擇。這道菜很適合喜歡清淡口味的人士，主餐佐以一杯蘋果酒，也是很多德國人喜歡配搭的組合。

水煮豬肋排套餐

## 黑森邦的 傳統美味青醬

法蘭克福青醬(Frankfurt Grüne Soße)也是黑森邦這區的傳統菜肴，與一般大眾所知的青醬非常不一樣，其爲一道冷盤料理，以7種新鮮香料爲基底，有蝦夷蔥、琉璃苣、細葉香芹、水芹、西洋香芹、茴芹等等，再調和酸奶油與優格，一般佐以水煮蛋與水煮馬鈴薯配食，但有些餐廳也會作爲德式炸豬排或其他肉類的配菜。當然啦，這道傳統料理配上蘋果酒也是當地人最愛的選擇。而且，據說這青醬也是大文豪歌德的最愛呢！

利用各式新鮮香料做成，清新美味的法蘭克福青醬
(圖片提供 / © Frankfurt Tourist+Congress Board, Photo: Holger Ullmann)

## 象徵帝王冠冕的 皇冠蛋糕

法蘭克福皇冠蛋糕(Frankfurter Kranz)的由來是神聖羅馬帝國時代，查理六世加冕的象徵。它的外觀就像一頂皇冠，外圈灑滿榛果碎粒體現黃金的尊爵，上方點綴的紅色櫻桃呼應著皇冠的紅寶石。內餡爲層層堆疊起的柔軟海綿蛋糕，各層夾以鮮奶油與果莓醬，些微奶油乳香搭上莓果酸甜與榛果的香味，是到法蘭克福必點的甜點呀！

相襯冠冕其名的法蘭克福皇冠蛋糕
(圖片提供 / © Frankfurt Tourist+Congress Board, Photo: Holger Ullmann)

## 隨手吃輕食 德國小吃

德國的消費頗高，德國人也不會三餐都到餐館或咖啡廳消費，畢竟隨便都要花上€15左右。所以來到這裡旅遊，奔波在各個景點，時間不足又肚子餓時，就選擇以下幾種「德國小吃」吧！

### 隨處可見的 德式三明治(Sandwich)

在德國，麵包很重要，因此德國麵包大概有3,000樣的種類，連歐洲其他國家也都讚歎這裡擁有多樣的麵包種類。因此在街上會看見很多烘培店，招牌寫著Bäckerei就是了，最典型的三明治就是圓

Bäckerei皆有售各式三明治；素食的就夾起司與番茄、生菜；葷的可夾火腿或是燻鮭魚。基本上都滿好吃的，又能夠在路上止飢

麵包(Brötchen)夾火腿、生菜、番茄、雞蛋與起司。除了原味的圓麵包外，還有表層沾有南瓜子、葵瓜子、罌粟子等口味，價位通常€3～4。

## 熱量破表卻又好吃的薯條(Pommes)

冬天時，總覺得熱量消耗的特別快，在街上很多小店會飄出炸薯條香味，走累想小歇一會兒時，可以買一份熱呼呼現炸酥脆薯條坐在廣場吃，當地人食用習慣不是加番茄醬，而是美乃滋。什麼？那熱量不是破表了？其實偶爾吃一份倒是還好，德國人也不會天天吃，若是覺得美乃滋的味道太厚重，其實混合番茄醬也是滿美味的酸甜組合。

外酥內軟的熱呼呼現炸薯條，配上美乃滋，真是美味極了

## 絕對要吃的國民美食德國咖哩腸(Curry Wurst)

根據統計，在德國餐廳十大最受歡迎評比中，咖哩腸可是排名第二呢！可以說是德國飲食文化具有相當指標性的國民美食，連德國前總理也是愛好者，甚至流行歌手也創作了一首關於咖哩腸的歌。街頭上很多速食店，德文招牌通常寫著Imbiss，都會賣這道國民美食。一般沾番茄醬再撒上咖哩粉，有些攤販會附上麵包搭著吃，有些攤販也提供現炸的香噴噴薯條。咖哩腸是來德國絕對要吃的一道街頭速食。

咖哩腸搭配滿滿的香噴噴薯條，雖熱量爆表，但美味也無限好啊

### 知識充電站　餐廳用餐小費怎麼給？

通常在德國餐廳內，菜單上顯示的價格已包含服務費。但通常當地還是會多給服務生小費。譬如在餐廳消費了€28，結帳時可以給服務生€30，一般都是給整數。倘若是在高級餐廳用餐的話，就會給消費總額的10%作為小費。如果是零頭，要給服務生整數的話，可以說：Stimmt so，意思就是他可以留著零頭作為小費的意思。

### 知識充電站　飯後習慣來杯消化飲品

德國的料理通常都是以肉類搭配馬鈴薯為主，其實對腸胃的負擔滿重的。所以德國人一般會在飯後點一杯濃縮咖啡(Espresso)來幫助消化，或者有些德式餐廳也提供烈酒，可以和緩一下德國肉類主食帶來的油膩感。

**1.**飯後一杯Espresso，其中的咖啡鹼比普通黑咖啡含量更多一些，因此有利於腸胃消化喔／**2.** Calvados mit Mispel，Calvados是一種蘋果白蘭地，酒裡擱著半顆歐楂果，類似枇杷的口感，飯後一杯，可以解解油膩

# 必逛的連鎖百貨與藥妝

**相信很多遊客都知道來德國一定要買藥妝，除此之外還有德國各個名品。在法蘭克福比較少見獨立品牌的小店，大部分都是連鎖化商店，因此要逛街一定要認識這些品牌。**

## Douglas

Douglas類似亞洲Sasa的連鎖店，販售商品有國際知名男性或女性品牌香水、家用香氛品、沐浴系列以及各大品牌化妝品。在聖誕或新年期間也會推出價格實惠的香氛組合商品，相當推薦。

Douglas吸引許多民眾前往購買高階彩妝或香氛用品

## Karstadt

Karstadt屬於中型的連鎖百貨，主要販售優質服飾爲主，單價相對高一些。每逢新年、聖誕節期間的優惠也不少，推薦在這檔期來旅遊的遊客，可以來個歐洲大血拼之行！

采爾大道上的Karstadt，在特價期間有許多優惠商品可搶購

## Galeria Kaufhof

法蘭克福的Galeria Kaufhof有如大型百貨公司，是許多遊客相當喜歡購物的極佳場所，除了直接販有德國知名行李箱

與國際名品，也可直接於商場辦理退稅相關資訊，商場偶有針對國外旅客提供購物優惠資訊。

采爾大道上的Galeria Kaufhof，經常擠滿許多遊客前往購物

## Apotheke

出外總是要帶一些藥品以防萬一，倘若在急忙打包行李下忘了隨身藥品，或是突然的傷風感冒，德國很多紅色標誌招牌的Apotheke，就是藥局的商家，而國人最喜愛買的薄荷油(China Öl)都可以在類似各大藥局找到。不過，給一個購物小撇步，網路上購買有時會便宜幾歐元，可以多加比較再購買！

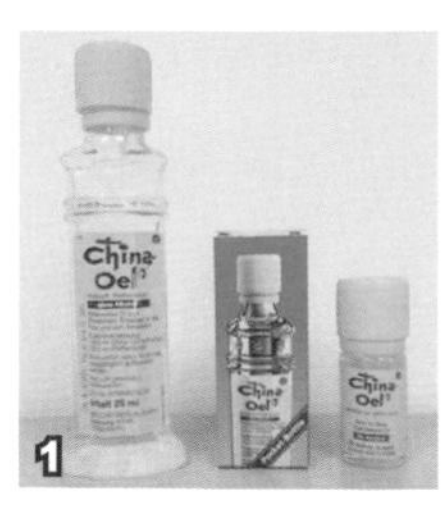

**1.**德國百靈油是來德國的必敗商品(圖片提供／林孟儒)／**2.**德國統一制式的藥局標章

## Foot Locker

想找現在街頭最熱門的球鞋，來Foot Locker準沒錯！雖然是連鎖球鞋店，但是甚至有些球鞋品牌也會跟Foot Locker店家聯合出限定款顏色，如果是喜愛球鞋收藏家，運氣好也可以收藏到台灣沒有的款式呢！

專售潮鞋的Footlocker球鞋店，是年輕人也喜愛逛的地方

## C&A、Kik

這兩間皆銷售物美廉價的休閒服連鎖店，從貼身衣物到一般外著應有盡有。萬一人抵達德國，不幸行李被丟包或是發生非預料的閃失，旅客想省荷包，可以來這裡買到應急的平價休閒服飾喔！

平價休閒服連鎖店C&A

# Rossmann、dm

這兩間連鎖店像是屈臣氏，旅客可以買到一般開架式的化妝美容用品、盥洗用品、保健營養品等等。兩間各有開發自家開架式各種類的保養品，有些商品也不比百貨公司來得差喔，譬如保濕安瓶在乾燥的德國眞的非常有效，建議來之前多在網路比較與參考需要的品項。

**1.**像是屈臣氏的dm，是必敗生活用品的好去處／**2.**另一家Rossman也是生活用品的商店，也有自己的特色商品，kik則可以購買一些急用的平價商品

## 常見的必敗商品

### 維他命發泡錠

發泡錠可以說是大家來德國藥妝店最常買的商品了。幾乎每家超市、藥妝或藥局都有賣，有各種口味可以選擇，價格十分親民。通常會放在貨架最下方。

### Balea系列商品

Balea出產了許多美保養用品，有面膜、護唇膏、保濕精華液、水凝霜、洗面乳等等，大家可以針對自己的膚質需求挑選合適的商品。

### Penaten系列商品

Penaten坊間廣稱爲「牧羊人」。該系列商品保護嬰幼兒肌膚最爲有名，其中一款屁屁膏，能夠非常有效的幫助消除嬰幼兒濕疹問題。但其實除了給嬰幼兒外，圖片的護膚霜，成人也能拿來在炎炎夏日時保濕用，吸收非常快速，又不黏膩，相當推薦！

# Woolworth

Woolworth也是平價生活用品連鎖店，如果是來長期旅遊的遊客，有時候這裡可以買到如WMF的促銷鍋具，或者其他小電器用品、鍋碗瓢盆等等。非常適合來德遊學或短居旅行的人們來逛逛。

Woolworth賣場，可以買到一些各式平價的生活用品

## 旅行小抄

### 注意身邊扒手

近年來由於當地治安下滑，尤以中央車站(Frankfurt (Main) Hauptbahnhof)與市區，旅客需小心保管身邊重要物品。有一些遊民或吉普賽人等，有時會以問路之名使你分心，讓夥伴順手牽羊你的錢包或手機，在此提醒務必愼加注意。

# 必敗的法蘭克福伴手禮

**來到法蘭克福旅遊，究竟該買些什麼才不枉此行呢？**
**為你介紹法蘭區域限定的特色商品。**

**1.**法蘭克福最大蘋果酒製造商的特色禮品組，內有蘋果酒一瓶、經典大肚壺與酒杯／**2.**禮品店能買得到。可以用來調味肉類，有相當特殊風味／**3.**當地知名Gref-Völsings 法蘭克福香腸禮品組，在禮品店都可以買得到／**4.**法蘭克福的杏仁糕點，可作為伴手禮（圖片提供／© Frankfurt Tourist+Congress Board, Photo: Holger Ullmann）

## Apfelwein 蘋果酒

法蘭克福所處的黑森邦是蘋果酒的重要產地，而最大的製酒商POSSMAN也出了不少禮品組合，有蘋果酒配POSSMAN字樣的透明玻璃杯，或是法蘭克福傳統陶土製的大肚壺，都是非常有特色的當地伴手禮。要注意的是，蘋果酒最佳適飲的溫度在10～14度之間，建議返家時立即冷藏，才不會失去蘋果酒的原味。

## Frankfurter Rote Sauce 法蘭克福特製紅醬

爲什麼推薦區域限定的紅醬呢？因爲此區域以蘋果酒聞名，所以當地人將國民調味料的咖哩醬，搭配盛產的蘋果酒，結合兩者美味。一般用在咖哩腸、牛排、漢堡、熱狗、烤肉等的調味佐料。

## Frankfurter Würstchen 法蘭克福香腸

法蘭克福香腸是將純豬肉灌進非常薄的羊腸衣(羊的小腸)後，通過特殊低溫煙燻方式處理，讓香腸帶有特殊香氣。若旅客買此伴手禮回家，切記只需在水中加熱約8分鐘，千萬不能將水煮滾，否則薄腸衣會爆裂，也喪失該有的口感。傳統吃法會佐以馬鈴薯沙拉或麵包一起食用，再配上黃芥末或辣根。

## Bethmännchen 杏仁糕點

擁有百年歷史的杏仁糕點，據說是在1838年由法國甜點主廚，爲了身兼市議員與銀行家的Simon Moritz特地研發的一道點心。由於議員的家鄉是Bethmann，杏仁糕點的名稱也由此而來。

# 法蘭克福行程規畫

**不論是來法蘭克福商務出差、體驗知性小旅行或是3個月的短居體驗，這裡推薦幾種不同玩法，可以讓你在法蘭克福好好玩。**

## 市區輕鬆4日遊

### Day 1

**羅馬廣場住宅區**
**DomRömer-Quartier**
見P.59介紹

**法蘭克福大教堂**
**Frankfurter Dom**
見P.57介紹

**羅馬廣場**
**Römerberg**
見P.60介紹

**聖尼克拉斯教堂**
**Alte Nikolaikirche**
見P.62介紹

**聖保羅教堂**
**Frankfurter Paulskirche**
見P.63介紹

**晚餐時間**
見P.91介紹

屬於法蘭克福靈魂的老城區，經過二戰重創後，近期嶄新呈現舊時**羅馬廣場住宅區**風貌，是該區最新景點。由石子路往前走去，接著探訪信仰精神支柱的**法蘭克福大教堂**，不忘登上約25層樓高的教堂鐘樓(Domturm)，可一望無際俯瞰整個老城區。從鐘塔下來後，可前往最著名的**羅馬廣場**，廣場具有中世紀歷史建築深遠歷史背景，且每年聖誕市集都在此盛大舉辦。而廣場南側則是中世紀路德教會的**聖尼克拉教堂**。附近尚有**聖保羅教堂**，則是當時德意志史上第一部民主憲法的祕密基地。結束行程後，市區有許多推薦餐廳或輕食(P.91)，旅客可選擇自己所喜餐館前往。

法蘭克福旅遊首指標：羅馬廣場

## Day 2

**歌德故居**
**Goethe-Haus**
見P.75介紹

**法蘭克福鐵橋**
**Eiserner Steg**
見P.64介紹

**搭船遊湖**
**Boat Trip**
見P.50介紹

**老薩克豪森區**
**Alt-Sachsenhausen**
見P.116介紹

**晚餐時間**
見P.128介紹

今天安排一場城市知性遊，早上先來德國大文豪**歌德故居**，了解當年大文豪的生活與故事，建議使用館內語音導覽，才能夠深度了解大文豪的故事。結束後散步至**法蘭克福鐵橋**，感受萊茵河上兩側青青草地上悠哉的人們，還有那一棟棟代表歐洲金融的大廈。接著**搭船遊湖**，探索萊茵河畔的法蘭克福，選擇自己喜歡的路線，約1～2小時的時程，慢慢看這城市不同的風景。返回市中心後，散步跨橋走往另一端的**老薩克豪森區**，推薦在瑞士街(Schweizer Straße，P.16／H4、H5)挑一間喜歡的餐廳用餐，替今日的知性遊做完美結束。

選擇自己喜歡的路線，搭船遊湖去

## Day 3

**蘋果酒懷舊電車**
**Ebbelwei-Express**
見P.51介紹

**席恩美術館**
**Schirn Kunsthalle**
見P.72介紹

**證券交易所**
**Börse Frankfurt**
見P.67介紹

**老城區**
**Innenstadt**
見P.83介紹

**晚餐時間**
見P.91介紹

在Paulsplazt前面的公車亭，搭乘巧緻彩繪的法蘭克福**蘋果酒懷舊電車**，也是探索城市每個祕密角落的好方式。建議先到官網查看各個上車地點，上車後記得購票。蘋果酒電車顧名思義，車上販售當地出產知名的蘋果酒，配著附贈的椒鹽脆餅，欣賞沿途市區風景，雙腳休息夠了隨時皆可下車繼續觀光。

**席恩美術館**是與法國龐畢度藝術中心同齊名的美術館，除展有各時期藝術主義外，尤以館旁的羅馬主教山(Römisch Siedlungsspuren)，是西元3000年前法蘭克福的起源。

結束美術館參訪，來到歐洲金融區參訪**證券交易所**，會看見世界知名企業在證券中心的掛牌指數，提早上網預約，證券導覽員還會解釋，該機構如何幫助國際企業運作這些證券。傍晚可挑選市區內的嚴選餐廳推薦，享受夜晚**老城區**的景色與熱鬧氛圍。

**舊歌劇院**
**Alte Oper**
見P.68介紹

**歌德精品街**
**Goethestraße**
見P.17 / G1

**采爾大道**
**Zeil (Hauptwache)**
見P.69介紹

**美茵塔**
**Main Tower**
見P.66介紹

**艾森海默塔附近用餐**
**Eschenheimer Turm**
見P.13 / H6

最後一天該是逛街採買的大日子了，欣賞完**舊歌劇院**的建築後，沿著鋪滿鵝卵石的歐洲小巷散步，到法蘭克福的**歌德精品街**瞧瞧，琳瑯滿目的國際知名奢華品牌該有盡有，在這小巷裡，有時還會看見知名限量跑車呢！逛完精品後接著往下走，從地鐵站Hauptwache到Konstablerwache這一段是熱鬧的**采爾大道**，各個平價流行服飾、藥妝都可在此一次購齊。下午可到附近的**美茵塔**俯瞰法蘭克福的高樓美景，晚上到附近**艾森海默塔**，這裡有許多美味餐廳供選擇。

舊歌劇院美輪美奐的屋頂

# 博物館文化深度4日遊

**應用藝術博物館**
**Museum Angewandte Kunst**
見P.123介紹

**電影博物館**
**Deutsches Filmmuseum**
見P.122介紹

**通訊博物館**
**Museum für Kommunikation**
見P.120介紹

**施泰德博物館**
**Städel Museum**
見P.119介紹

**老薩克豪森區附近用餐**
**Alt-Sachsenhausen**
見P.128介紹

美茵河左岸是法蘭克福非常知名藝術與文化的博物館堤岸，首站可先從**應用藝術博物館**開始，該館收藏世界各地5000多年的應用藝術品歷史，為國際間重要的博物館之一，也是德國六大工藝博物館之一。若喜歡電影產業則一定要前往**電影博物館**，館藏記錄了電影的發展歷程，體驗電影產業開始前的手工藝，饒富趣味。除了常態展外，也有不定期特展與經典電影播放。而**通訊博物館**可說是集合了通訊設備的族譜，常態展展示著從古董的通信方式到現代新穎科技的3C，有些設施甚至能夠實際操作，非常有趣。

最後來到**施泰德博物館**，該館為博物館堤岸的最經典藝術館，珍藏從7世紀開始的歐洲珍貴畫作，是喜愛歐洲各時期畫風文青不可錯過的一站。結束博物館堤岸之日，相當推薦到老薩克豪森區，選一間地道的德式餐廳，品嘗一番黑森邦的美食。

## Day 2

**歷史博物館**
**Historisches Museum Frankfurt**
見P.73介紹

**現代藝術博物館**
**Museum für Moderne Kunst**
見P.71介紹

**對話博物館**
**Dialog Museum**
見P.100介紹

**美麗人生餐廳晚餐**
**Das Leben ist schön**
見P.105介紹

**歷史博物館**以檔案索引方式保存記錄這座城市，爲德國與法蘭克福最古老文化機構與重要城市檔案館之一，能夠對這座城市深度了解的最佳博物館。**現代藝術博物館**是國際博物館權威之一，收藏許多家喻戶曉普普藝術家作品。而**對話博物館**是個需提早預約但卻是非常有趣的盲人體驗空間，試想在黑暗的環境下一同探索盲人生活的驚險，是一間具有非常教育性的博物館。離博物館不遠有間**美麗人生餐廳**，餐廳裡的牆壁掛著全是鏡頭下的美麗風景，除了享受美食，也能盡情享受當下。

歷史博物館入口

## Day 3

**棕櫚園**
**Palmengarten**
見P.108介紹

**蓬頭彼得博物館**
**Struwwelpeter-Museum**
見P.107介紹

**萊比錫大街**
**Leipziger Straße**
見P.113介紹

漫步在法蘭克福最大植物園的**棕櫚園**，不管是亞熱帶或熱帶珍奇植物，都可在一座一座玻璃溫室裡欣賞；蒼翠茂密的花園裡還有小火車與腳踏船等設施，美好一天就從漫步花園開始吧！接著去參觀**蓬頭彼得博物館**，傍晚就到年輕活力的博肯海姆區(Bockenheim)**萊比錫大街**尋找學生巷弄平價美食，或者小酒吧，結束一日行程。

棕櫚園熱帶館裡有各式各樣的仙人掌

**古代雕塑博物館**
**Liebieghaus Skulpturensammlung**
見P.124介紹

**基爾希博物館**
**Museum Giersch**
見P.121介紹

**城市綠洲 Licht- und Luftbad Niederrad**
見P.118介紹

**古代雕塑博物館**收藏了來自羅馬、埃及、亞洲及歐洲各地藝術雕塑品，小小的空間卻展出一系列美妙的藏品。隔壁的**基爾希博物館**，是相當知名的美術館，新古典主義建築的別墅內展示一系列萊茵－美茵地區的文化，譬如繪畫、攝影、圖畫藝術及其他相關等等。下午可以遠離塵囂到城市生活小區**Licht- und Luftbad**放鬆。

城市綠洲(Licht- und Luftbad)附近的大自然之船(Naturship)

# 近郊4日輕旅行

**黑森邦首都威斯巴登**
**Wiesbaden**
見P.162介紹

威斯巴登爲黑森邦首都以及德國最古老的療養地之一，因此也是許多富裕人士鍾愛前往治癒的城市。從法蘭克福中央火車站出發，往威斯巴登的火車有S1、S8、S9，約1小時的車程即可抵達。

從山上眺望威斯巴登的古老城市美景

## Day 2

### 中古世紀美麗城鎮赫斯特 Höchst

見P.154介紹

法蘭克福鄰近美麗的赫斯特(Höchst)老城鎮，躲過戰爭的無情烈火，仍保有中古世紀老房，而法蘭克福最古老的教堂也位居於此，過去這裡也是朝聖者必經路線。此外，冰河時期風蝕沙丘，萬年地球的歷史，也在這個赫斯特小鎮。從法蘭克福中央火車站(Frankfurt(Main) Hauptbahnhof)出發，往赫斯特的火車有S-Bahn與電車供選擇，約20分鐘內的車程即可抵達。

赫斯特的著名堡壘

## Day 3

### 萊茵河畔迷人小鎮呂德斯海姆 Rüdesheim

見P.172介紹

呂德斯海姆是座古色古香的葡萄鄉村小城。從法蘭克福中央火車站搭乘VIA區間火車，約1小時車程抵達。小城的畫眉鳥巷在聖誕節時是溫馨浪漫的景點，搭乘纜車往山頂可俯瞰被聯合國納入世界文化遺產的萊茵河谷。

冬日的葡萄田園景色

## Day 4

### 溫泉療養小鎮巴特瑙海姆 Bad Nauheim

見P.144介紹

幾千年來，富含鹽與礦物質的溫泉在小鎮源源不絕的湧出，研究發現巴特瑙海姆富含碳酸的溫泉水對心血管疾病有特殊療效，該鎮的溫泉園是享譽盛名的健康療養勝地。空氣清新舒服又保有桁架式建築的古老小鎮，是能遠離喧囂又能放鬆身心的地方。從法蘭克福中央火車站搭乘電聯車RE或RB，車程約半小時即可抵達。

前往巴特瑙海姆溫泉庭院的路上

# 法蘭克福
# 分區導覽

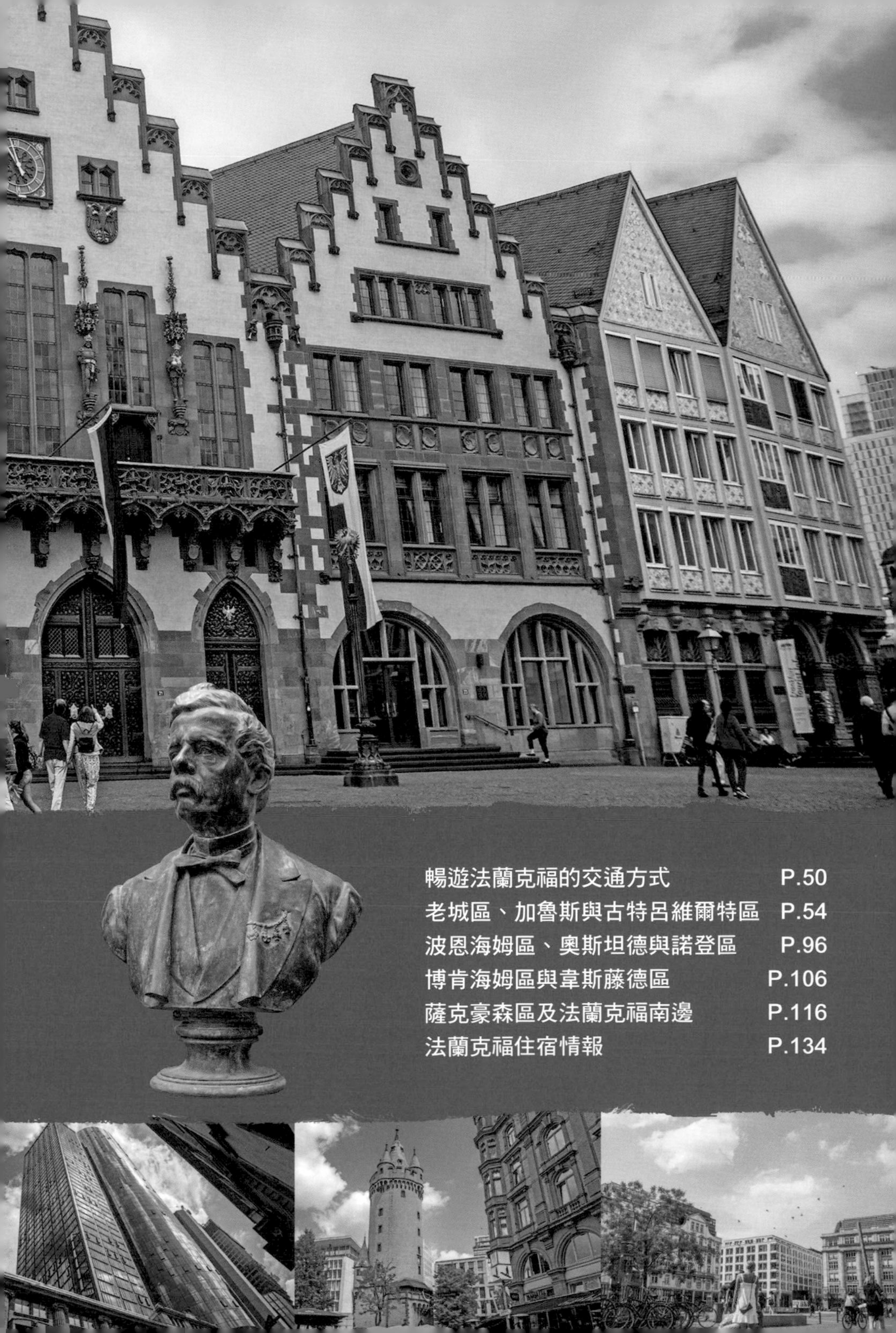

# 暢遊法蘭克福的交通方式

Let's Go

圖片提供／© Vespaverleih

## 法蘭克福卡
### The Frankfurt Card

購買法蘭克福卡(The Frankfurt Card)，除了可以一次擁有許多周邊優惠，更重要的是遊客能夠當日無限次橫跨兩區，機場線(5090區)與法蘭克福區(50區)可來回搭乘，包含電車、公車、地鐵、區間火車等等。在26間法蘭克福博物館、熱門景點或城市導覽觀光等活動，購票前出示該卡，最高可再享有50%的優惠。遊客若持有該卡，注意拜訪的餐廳或商家是否也在該城市旅遊方案裡，有時也有優惠唷！

| 單人票 | | 團體票(5人以上) | |
|---|---|---|---|
| 1日 | €10.50 | 1日 | €22.00 |
| 2日 | €15.50 | 1日 | €32.00 |

使用法蘭克福卡，景點門票可享20～50%不等的優惠

圖片提供／太雅出版社

**法蘭克福旅遊中心 (Tourismus+Congress GmbH Frankfurt am Main)**

Hauptbahnhof, Empfangshalle, 60329 Frankfurt am Main - Bahnhofsviertel(法蘭克福中央火車站入口處) | +49 (0) 69 2123-0808 | www.frankfurt-tourismus.de | MAP P.16 / D4

## 法蘭克福郵輪
### Cruises

想搭乘美茵河郵輪享受歐洲如畫般的景色嗎？法蘭克福有Primus Linie與KD兩間郵輪公司，讓遊客體驗法蘭克福獨一無二的天際線，讓小旅行更意猶未盡。

KD郵輪路線，航程僅有一段，遊客在鐵橋處搭乘，全程花費時間約60分鐘。

Primus郵輪路線，以鐵橋爲中心，分西邊與東邊兩個航程，每段航程約50分鐘，也提供100分鐘的兩段航程，遊客應依已安排的行程，先至官網查詢當季啓航的時間與日期，遊輪上有各式葷食或素食早餐供遊客選擇，雖需另外自費，但邊乘郵輪邊慢食早餐，享受這一天美好的開始，讓旅程如此的輕鬆與自在。

停駐鐵橋旁，準備啟航的KD郵輪

Transportation

| Primus 郵輪價格 | | | |
|---|---|---|---|
| 50分鐘 | | 100分鐘 | |
| 成人票 | €9.80 | 成人票 | €12.80 |
| 兒童票 | €5.50 | 兒童票 | €5.500 |
| 家庭票 | €26.40 | 家庭票 | €32.40 |

＊家庭票適用於2位成人，以及3位6～14歲孩童

### KD

搭乘地點：Eiserner Steg(鐵橋) | +49 (0) 69 2857-28 | 依季節而異，請參照官網 | 成人票€9.6，兒童票€6，4歲以下兒童免費 | 搭乘U4或U5至Dom/Römer，往西邊Krönungsweg/Mark方向出站，遇到Römerberg左轉，一路直走至Mainkai右轉，即抵達目的地 | www.k-d.com/en | P.18 / A3

KD郵輪售票中心

### Primus-Linie

搭乘地點：Eiserner Steg(鐵橋) | +49 (0) 69 1338-370 | 依季節而異，請參照官網 | 搭乘U4或U5至Dom/Römer，往西邊Krönungsweg/Mark方向出站，遇到Römerberg左轉，一路直走至Mainkai右轉，即抵達目的地 | www.primus-linie.de | P.18 / A3

Primus-Linie售票中心

**旅行小抄**

**使用法蘭克福卡優惠8折**

若有購買法蘭克福卡(Frankfurt Card)，兩間郵輪公司皆提供8折的優惠唷！

## 蘋果酒懷舊有軌電車

Ebbelwei-Express

Ebbelwei是黑森邦當地的方言，中文譯為蘋果酒，顧名思義這行駛有40年之久的巧緻彩繪的電車上，少不了酸甜可口蘋果酒的歡樂。電車在法蘭克福市共有20多處上車點，譬如Hauptbahnhof(中央火車站)、Römer/Paulskirche(羅馬廣場旁)或Schweizer-/Gartenstraße(薩克豪森區)，停經路線都具有當地歷史意義的景點，建議遊客可先在官網查詢乘車地點與時間。

搭乘時間共1小時，由遊客上車開始起算。上車購票後，還提供一杯蘋果酒或蘋果汁與一包椒鹽卷餅，讓遊客一邊欣賞窗外的歐洲街景，一邊飲一杯道地的蘋果酒(汁)。

彩繪巧緻的Ebbelwei-Express

## Ebbelwei-Express

搭乘地點：Römer/Paulskirche、Hauptbahnhof、Schweizer-/Gartenstraße，其他搭乘地點可洽官網查詢｜+49 (0) 69 2132-2425｜搭乘時間為1小時，各站點的停靠時間請參照官網｜成人票€8，兒童票€3.5｜至各搭乘地點上車即可｜www.ebbelwei-express.de

# 城市單車觀光

Frankfurtbiketour.com

法蘭克福提供相當多種選擇的城市單車，但這裡特別推薦frankfurtbiketour.com，相對其他需要APP或電話綁定的城市單車，這間店只要到店簡單租賃即可，而且單日價格也相對划算。

該店還提供法蘭克福城市遊10點(A～J)的路線，從A點法蘭克福南邊的Lokalbahnhof附近，環繞至東邊美茵河畔，接著騎經市區，最後整趟自行車之旅會回到出發點。甚至亦提供從法蘭克福(Frankfurt)到科布倫茨(Koblenz)4日單車遊，更多旅遊路線可至實體店面或網上查詢相關資訊。

但在法蘭克福單車偷竊相當嚴重，遊客請務必將租賃單車上鎖，並妥善注意安全。

**1.**導遊詳細解說市區路線圖／**2.**單日市區導覽團／**3.**城市單車租賃 (以上圖片提供/ © terranova touristik)

**Frankfurtbiketour.com 價格**

| | Bike | E-bike |
|---|---|---|
| 1日(24小時) | €19.00 | €29.00 |
| 週末(週五～一) | €39.00 | €69.00 |
| 1週(7天) | €69.00 | €130.00 |
| 半日(6小時) | €10.00 | - |

## Frankfurtbiketour.com

+49 (0) 69 6930-54｜週一～五09:00～18:00，週六10:00～13:00，週日10:00～13:00、14:00～17:00｜搭乘S3～S6至Lokalbahnhof，往西南邊Hedderichstraße方向出站直走，遇到Martin-May-Straße右轉直走約60公尺，即抵達目的地｜www.frankfurtbiketour.com

# 城市巴士觀光

Green Line ETS Edeltraud Sehr Touristik GmbH & Co. KG

傳統遊覽城市的另一個方式就是搭乘市區觀光巴士；法蘭克福有兩間不同業者營運的巴士，其中一爲綠線的ETS，另一爲Gray Line Frankfurt Sightseeing，提供不同方案的觀光路線，譬如「城市天際線遊」(Skyline Tour)，導覽時間約爲2小時，行經美茵塔(Main Tower)、衛戍大本營(Hauptwache)等，共20個停靠點，而「城市快線遊」(Express Tour)則會行經

Gray Line市區觀光巴士

老薩克豪森區(Alt-Sachsenhausen)、棕櫚園(Palmengarten)等，共13個停靠點。甚至還貼心的提供中文語音導覽服務，對首次造訪這座城市的遊客，是非常好入手的遊覽方式。

| Gray Line 觀光巴士各路線價格 | | | |
|---|---|---|---|
| | Skyline Tour | Express Tour | Family Tour |
| 成人票 | €17.90 | €19.90 | €39.90 |
| 兒童票 | €7.90 | €7.90 | |

＊家庭票適用於2位成人，以及3位5～15歲孩童
＊票價為網路訂購優惠價

### Green Line ETS Edeltraud Sehr Touristik GmbH & Co. KG

搭乘地點：Hauptbahnhof、St. Paul's，其他搭乘地點可洽官網查詢｜+49 (0) 69 2710-10｜09:15首班車～17:15末班車｜成人票€14.9，兒童票€7.9｜至各搭乘地點上車即可｜www.ets-frankfurt.de

### Gray Line Frankfurt Sightseeing GmbH

搭乘地點：Paulskirche、Alte Oper，其他搭乘地點可洽官網查詢｜10:00首班車～17:00末班車｜見上方圖表｜至各搭乘地點上車即可｜www.citysightseeing-frankfurt.com

## 租乘偉士牌機車

verspaverleih.de

法蘭克福趴趴走的另一種新選項，現在除了可以騎偉士牌外，還有綠能電動車讓遊客可以自由輕鬆的探索這座城市的大街小巷。想像自己是奧黛麗赫本，在《羅馬假期》裡與歐洲城市浪漫邂逅，與自己談一場經典都會愛情電影。心情是否已經隨之冒出許多粉紅泡泡了呢？

注意，基於交通安全，騎乘機車時，皆得戴安全帽，店內亦提供租用。另外，法蘭克福市民較少騎乘機車，因此市區內未有機車停車格的設計，但只要不妨礙行人或交通，人行道皆是可以停放的喔！

騎乘經典偉士牌遊逛城市 (圖片提供 / © Vespaverleih)

### verspaverleih.de

An den Drei Brunnen 31, 60431 Frankfurt am Main｜+49 (0) 69 5979-0944｜週一～五10:00～18:00，週六10:00～13:00｜約€49～179，依車款型號及租用時間而異｜搭乘U1或U9至Ginnheim，往西北方向Mahräckerstraße方向出站，遇到Mahräckerstraße右轉後，接到Ginnheimer Landstraße右轉，然後在第一個路口Am Eisernen Schlag再右轉，遇到An den Drei Brunnen再左轉，即抵達目的地｜www.vespaverleih.de｜需攜帶國際駕照｜MAP P.12 / A3

從大教堂的觀景台，可以俯瞰整個老城區的風貌

# 老城區、加魯斯與古特呂維爾特區
# Innenstadt & Gallus & Gutleut

法蘭克福老城區，於第二次世界大戰中遭受嚴重的襲擊，
80%建築物皆付之一炬。
現今城裡著名的景點，皆是戰後從瓦礫中重新再造，
法蘭克人這樣說：重建是為了讓回來的人們找到家鄉的回憶。

老城區的占地比法蘭克福其他區微稍小，大約僅有50平方公里，知名景點皆近在咫尺。如戰火重生後的歷史建築：作家歌德故居、羅馬廣場及法蘭克福大教堂等等，以及購物天堂街：采爾大道、歌德精品街。當你跨過法蘭克福鐵橋，就會來到薩克豪森區，這裡是人文藝術重地的法蘭克福博物館堤岸，由於鄰近老城區，也讓老城區散發著歷史與藝術氣息。

緊鄰著老城區旁的加魯斯與古特呂維爾特區，主要的熱鬧區域是中央車站(Bahnhofsviertel)與紅燈區。中央車站附近建築僥倖逃過第二次世界大戰的轟炸，許多建築仍保有19世紀風貌，過去曾是法蘭克人的一般住宅區，然而現今車站附近較爲不平靜，夜晚單身旅者還是需要注意安全。儘管如此，這區從未失去多元文化的魅力，也是崇尚自由的波西米亞人的棲息地。

**1.**采爾大道上的遊客中心／**2.**老城區的購物天堂街／**3.**別具歷史意義的羅馬廣場

### 黑森邦州府在威斯巴登

法蘭克福雖屬黑森邦州第一大城市，但其州府卻是以療養城市聞名的威斯巴登(Wiesbaden)，州府整座城市的建築，是歷史主義建築的風範代表。

# 熱門景點

## 法蘭克福中央車站
### Frankfurt (Main) Hauptbahnhof

**美茵河畔連繫歐陸的重要交通樞紐**

✉Hauptbahnhof, Empfangshalle, 60329 Frankfurt am Main - Bahnhofsviertel | ☎+49 (0) 69 2123-8800 | ⏲全年開放 | $參觀免費 | ➡法蘭克福大眾運輸系統總站 | ⌛建議停留30分鐘 | http www.bahn.de | MAP P.16 / D4

每日約有450,000人潮川流於法蘭克福中央車站間，不管是通勤抑或是旅行的遊客，法蘭克福中央車站對這些乘客而言，可說是非常重要的交通連結車站。19世紀建立的中央車站，屬於新古典主義的建築，但卻在二戰期間幾乎摧毀，修復後的車站以現代主義風格重現，月台間鋼筋結合玻璃的穹頂，在陽光透過玻璃照落車站大廳時，顯得格外美麗。

走出車站大門，仰頭看向屋頂，有一座舉著地球於肩膀的巨大雕像，這石雕像是古希臘神話裡的阿特拉斯裡的擎天神，象徵著通往世界的大門。

**旅行小抄**

**夜訪紅燈區注意安全**

中央車站附近的Tanusstrasse是當地的紅燈區，人稱Bahnhofsviertel小區，夜晚充斥毒品與情色。提醒遊客在夜深時分，尤其是女性朋友，不要在此落單逗留，以免發生危險。而白天雖然人潮較多，若遇行為舉止奇怪的遊民，還是要注意安全。

**小心火車站扒手**

縱使有許多保全與警察維護當地治安，仍需注意財不露白。火車站有許多扒手會假借問路或乞討，再由同夥趁機竊取隨身財物，須多加謹慎留意。

**1.**車站內遊客服務中心，隔壁即是汽車租賃公司／**2.**車站裡的美食街，提供免費無線網路及充電服務／**3.**屋頂的阿特拉斯雕像，象徵通往世界的大門

# 法蘭克福大教堂
Frankfurter Dom

## 神聖羅馬皇帝加冕御用教堂

Domplatz 1, 60311 Frankfurt am Main｜+49 (0) 69 2970320｜大教堂：週一～五09:00～20:00；觀景台：10:00～17:00(若氣候不佳，則不開放)｜觀景台：成人€3，兒童與優待票€1.5｜搭乘U4或U5至Dom/Römer，往南邊Bendergasse出地鐵站即是目的地｜建議停留30分鐘｜www.dom-frankfurt.de｜MAP P.18／A2

早在西元9世紀時，這裡僅為一個面積相當小的禮拜教堂(Chapel)，經過千年的持續擴增建造、經歷大戰損毀、二戰後重建，才有現今的歷史風貌。它變得如此有歷史意義是因為自1356年起，成為神聖羅馬帝國時期選舉皇帝的教堂，一直到1792年共有10位皇帝在此冠冕。

1867年大教堂經過一場無情大火蹂躪，不久後以當時主流的哥德式復興建築重建，也奠定今日教堂的風貌。然而二次大戰的毀滅砲戰襲擊，讓大教堂再次受到重創，內部幾乎全毀，直到1953年才正式修復完畢。倘若漫步在老城區，抬頭看到一座95公尺高的尖拱式高塔，就是最終修復完工的大教堂樣貌。

### 大教堂名稱的歷史意義

法蘭克福大教堂18世紀開始稱為大教堂(Dom)，德語正統名稱為Kaiserdom St. Bartholomäus，St. Bartholomäus名稱由來為耶穌的12門徒之一，也是升天見證人，因此名為教堂神聖守護聖人之意。而在英文一般譯為Frankfurt Cathedral。然而Catherdral在天主教裡意指「有樞機主教駐點的教堂」，只是大教堂從未有主教駐紮過。

大教堂至今仍只掛著帝國政治歷史榮耀名銜，無樞機主教駐紮與宗教意義，部分黑森邦依教廷規畫屬於林堡教區(Bistum Limbur)，又隸屬於科隆總教區。

1.肅靜的大教堂內部／2.夜裡大教堂的景色(圖片提供／© Frankfurt Tourist+Congress Board, Photo: Holger Ullmann)／3.夜晚大教堂在河畔閃耀著光芒

# 衛戍大本營
## Hauptwache

**老城區的重要樞紐站**

Opernplatz, 60313 Frankfurt am Main｜+49 (0) 69 13400｜全年開放｜$參觀免費｜搭乘S1～S6、S8或U1～U3、U6～U8皆可抵達，出地鐵站即是目的地｜建議停留10分鐘｜MAP P.17／H1

在老城區，無人不知衛戍大本營（Hauptwache），可以說是大家約會見面的最佳地點。它是法蘭克福城市南北與東西向的交會站，也是采爾大道（Zeil）西端的起點。但在19世紀初，法蘭克福成爲自由市時，衛戍大本營上的巴洛克建築——舊城防衛營總部，是城防總部的軍營與監獄，隨著時間與歷史演變，20世紀初時改建爲咖啡館。二戰的砲戰轟擊後，建築幾乎全毀，二次重建時決定將地鐵建置於下，而前方的衛營廣場，通往地鐵的階梯設計如下沉的一個洞，法蘭克福人稱之爲Das Loch。

另一個顯爲人知的祕密是，Hauptwache原址其實是在這個稱之爲「洞」的地方，法蘭克福市爲了建造便利城市的地鐵線，又要保留歷史古蹟，因此將整座建築物搬移至約100公尺的遠處，雖然過程中，爲了搬移古蹟而不得不拆除一部分建築，然而還是依舊按照原型將其修復，讓歷史繼續保存下去。

**1.**Hauptwache地鐵入口處的「洞」(Das Loch)／**2.**經過遷移後的衛戍營，現今成為一咖啡館與餐廳
(圖片提供／© Frankfurt Tourist+Congress Board, Photo: Holger Ullmann)

# 羅馬廣場住宅區

## DomRömer-Quartier

### 再現老城區古蹟風貌

Römerberg, 60311 Frankfurt am Main｜全年開放｜參觀免費｜搭乘U4或U5至Dom／Römer，往南邊Bendergasse出地鐵站即是目的地｜建議停留20分鐘｜www.domroemer.de｜MAP P.18／A2

法蘭克福市這塊被第二次大戰徹底摧毀的心臟區，由於戰後重新興建的大樓與周邊古蹟建築無法相互諧調，政府為了都市更新融合計畫與復甦都市機能，決定將其拆除重建。該工程的重建修復浩大，費時將近10年的時間才完成，終於將這塊市區精華地帶復刻重現於法蘭克福市民的眼前；引人入勝的巷弄古蹟、風景如畫的浪漫廣場、35座根據歷史重建鱗次櫛比的房屋，也曾經是貴族居住的住宅房。

除此之外，歷史馳名的Krönungsweg，這條小巷曾經是歷任德國國王和皇帝往大教堂加冕之路，如今市民與遊客可踏尋這加冕之路，追尋這座韌性與文化燦爛的城市，重新感受老城區心臟中心地帶的古蹟風貌。

**1.**1903年法蘭老城區市景(圖片來源／wiki共享)／**2.**西翼廣場區穿過去，即可通到大教堂／**3.**復刻重現古蹟建築完工照／**4.**與圖1對照，完工後的古蹟建築真切的復刻當年市貌

# 舊市政廳、羅馬廣場
## Römer / Römerberg

**維護重建家鄉回憶的古老廣場**

Römerberg 27, 60311 Frankfurt am Main | +49 (0) 69 2123-8800 | 全年開放 | 參觀免費 | 搭乘U4或U5至Dom / Römer，往南邊Bendergasse出地鐵站即是目的地 | 建議停留20分鐘 | www.domroemer.de | P.18 / A2

在法蘭克福Römer指的是舊市政廳，Römerberg是羅馬廣場，亦是舊市政廳前的羅馬廣場。舊市政廳自中古世紀就駐於此地，已超過600年的歷史，若說其是象徵法蘭克福的標誌性建築也不爲過。然而經過第二次世界大戰無情砲火的襲擊，讓這個古老廣場約八成已夷爲平地。

羅馬廣場自戰後至今，重建計畫經年累月不斷修復，目的是爲了讓返鄉遊子仍保有城市舊有風貌的記憶。重建的舊市政廳外觀，也努力修復與保留了戰前的傳統木框架建築(Holzfachwerk)。市政廳現在仍是提供市民，或外來人士辦理相關業務的辦事處，並非博物館。曾經是神聖羅馬帝國大帝們冠冕的2樓宴會廳，如今也是成爲新婚人士慶祝婚禮的首選地之一。

羅馬廣場更是在每年11月底降臨節(聖誕節倒數4週)來臨時，舉辦盛大溫馨的聖誕市集，除了德國市民也吸引了許多外國遊客前來參加。

**1.**喧鬧擁擠的羅馬廣場 / **2.**著名的法蘭克福舊市政廳

## 拜訪著名的凱薩大廳(Kaisersaal)

玩家交流

走進舊市政廳旁邊的小巷，會看見凱薩大廳的大門。進門後有幽謐的庭院小泉，歷經600年前的戰爭，市政廳倖存的最古老的兩個廳房，也可在此見到。Römerhalle與Schwanenhalle，法蘭克福首次的書展曾在這裡舉辦，這裡也曾經是金匠、銀匠販售商品交易的場所。而位於2樓最著名的凱薩大廳(Kaisersaal)，是神聖羅馬帝國皇帝加冕的廳堂，如今廳堂展示著19世紀所有皇帝的肖像，也是許多遊客朝聖的景點之一。

**1.**凱薩大廳入口處 / **2.**進入參觀前，遊客需先自助購票，票價為€2 / **3.**Römerhalle與Schwanenhalle門前的幽謐庭院 / **4.**掛滿皇帝肖像的凱薩大廳廳堂

## 旅行小抄

### 夏日遊樂園

每年8月第一個週五開始，在人聲鼎沸的羅馬山廣場，Live音樂響起，宣告法蘭克福Mainfest夏日遊樂園正式熱鬧開幕，為期4天的遊樂園在週末兩日是人潮的高峰，有德式傳統射擊、沙包等童玩、還有大人小孩都愛的碰碰車，喜愛刺激快感的，不妨體驗一下高速旋轉杯，或是搭乘高高的摩天輪，靜靜在車廂欣賞的美茵河旖旎風光。

在遊樂園裡也可在短時間吃遍德式街頭美食，不可錯過的咖哩腸、奶油蘑菇、烤德式香腸、甚至豬腳，什麼美食都可以在這一網打盡。正值舒服溫暖的歐洲盛夏，更別忘了來一杯蘋果酒或是啤酒，誰說遊樂園只能給兒童玩呢？大人們也可以在這裡找到自己的歡暢時刻！

**1.**傳統童玩旋轉椅 / **2.**Mainfest夜晚美景(以上圖片提供 / © Frankfurt Tourist+ Congress Board, Photo: Holger Ullmann)

# 聖尼可拉斯教堂
## Alte Nikolaikirche

**清幽靜謐的小教堂**

Römerberg 11, 60311 Frankfurt am Main｜+49 (0) 69 284235｜全年開放｜參觀免費｜搭乘U4或U5至Dom/Römer，出地鐵站往Krönungsweg／Mark方向前進，遇到Römerberg左轉直走約1分鐘，目的地即在左手邊｜建議停留15分鐘｜www.frankfurt-tourismus.de｜MAP P.18／A2

位於羅馬廣場的聖尼可拉斯教堂為中世紀路德教堂。時間回溯至12世紀中葉，這座小教堂推測當時是給貴族使用的皇家小禮拜堂，很可能作爲國王與議會的選舉場所。12世紀末時才被聖化稱爲聖尼可拉斯，教堂後來成爲當時城市議員做禮拜的首要場所。

雖歷經第二次世界大戰，所幸教堂只有些許輕傷，修復後成爲今日模樣。在探訪喧鬧的羅馬廣場後，走進這座小教堂，會意外的發現一片寧靜，許多市民或遊客進入中殿坐在長椅沉思，或者靜心聆聽由教堂彈奏著名和諧的鐘樂，感受教堂裡的清幽。

位在羅馬廣場的聖尼可拉斯教堂
(圖片提供／© Frankfurt Tourist+Congress Board, Photo: Holger Ullmann)

# 聖母教堂
## Liebfrauenkirche

**寧靜清幽的哥德式教堂**

Schärfengäßchen 3, 60311 Frankfurt am Main｜+49 (0) 69 297296｜週一～日06:00～21:00｜參觀免費｜搭乘S1～S6、S8或U1～U3、U6～U8至Hauptwache，出地鐵站往Holzgraben方向前進，遇到Schärfengäßchen右轉即抵目的地｜建議停留10分鐘｜www.liebfrauen.net｜MAP P.18／A1

聖母教堂位於知名采爾大道購物區後方的小巷，許多遊客常經過卻很難發現這間修道院，倘若踏進教堂後院會感受一股平靜與安寧的氛圍，與巷外的喧囂熱鬧的市中心是天壤之別。聖母教堂在14世紀建置之初爲家族禮拜堂，經過幾世紀來不斷擴增、修建才成爲今日哥德式風格建築教堂。

除此之外，聖母教堂曾是方濟嘉布遣會修士的修行之所，時至今日，這裡成爲美茵與萊茵河區的精神會所修道院，因此每日都會有3次彌撒禱告，也無私提供無居流浪人士餐點。

**1.**聖母教堂幽靜的入口／**2.**民眾可在此祈福點燈／**3.**謐靜的聖母教堂庭院

# 聖保羅教堂

## Frankfurter Paulskirche

### 德國自由民主搖籃的起始地

Paulsplatz 11, 60311 Frankfurt am Main｜+49 (0)69 212 70658｜週一～日10:00～17:00｜參觀免費｜搭乘U4或U5至Dom / Römer，往西邊Markt方向出站，遇到Römerberg右轉，Paulspl.路口左轉即到目的地｜建議停留20分鐘｜www.frankfurt-tourismus.de/en｜P.17 / H2

一踏進聖保羅教堂，即可看見最著名的大型圓柱壁〈往聖保羅代表的路途上〉（The Path of the Representatives to St. Paul's Church'），由柏林藝術家Johannes Grützke於1991年完成，記載著德國統一和民主的歷史象徵。經過二次大戰摧毀重建後，聖保羅教堂不僅僅只是一個著名教堂地標，更是象徵德國自由與民主的搖籃創造地，因爲國民議會就是在這裡寫下第一部德國民主憲法，也是1848年德國國民議會就職典禮的地點。

1948年重新開放紀念議會100週年後，聖保羅不再用於教堂服務，成爲德國民主的重要象徵地。至今日，教堂除了是著名景點外，也用於舉辦各種展覽與政府活動。

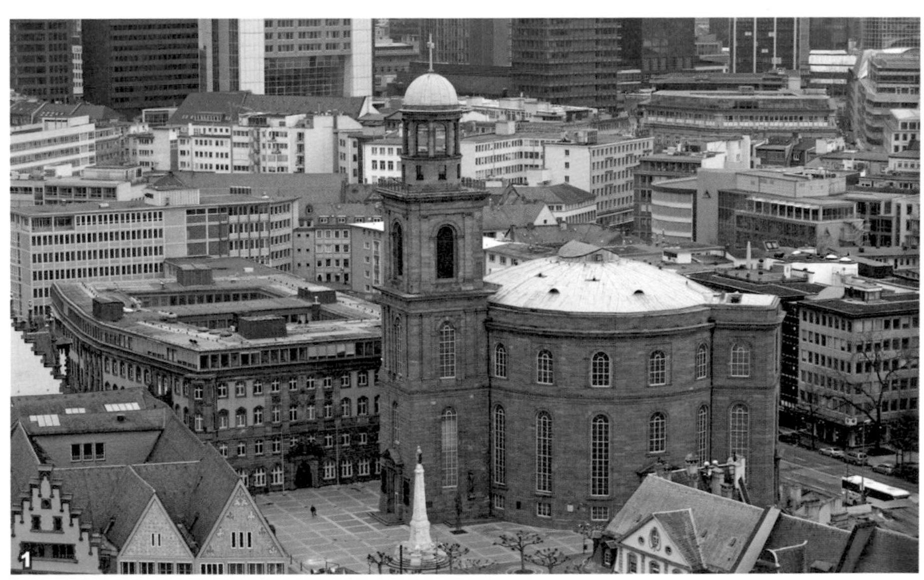

1.由紅砂岩建造的橢圓形聖保羅教堂外觀（圖片提供 / © DomRömer GmbH）/ 2.〈往聖保羅代表的路途上〉該畫作象徵德國自由民主與民主統一的過程 / 3.個廳堂是當初第一部憲法成立的地方，對德國歷史有重大意義

# 法蘭克福鐵橋
## Eiserner Steg

**緊鎖愛情的浪漫橋**

✉Mainkai, 60311 Frankfurt am Main｜🕒全年開放｜$參觀免費｜➡搭乘U4或U5至Dom／Römer，出地鐵站往Bendergasse方向前進，於Römerberg左轉，再直走Fahrtor，於Mainkai路口右轉即抵達目的地｜⌛建議停留15分鐘｜http www.eisernersteg.de｜MAP P.18／A3

長達170公尺的鐵橋，是橫跨美茵河連接法蘭克福南北岸的一座鉚接的鋼桁行人架橋。在19世紀時，市民若要跨越河岸非常之不便，當時的老橋已不堪使用，尤其對有運輸需求的工商業者非常困擾。當時市政廳認爲不值得投資重修建造這座橋梁，最終由中產階級市民與貿易商組成協會籌資，並於1869年蓋起這座橋，橋梁也以協會名稱命名，取名爲Eiserner Steg。

一開始爲了償還信貸資金，市民與商販通過皆需繳納過橋稅，然而市政廳見鐵橋對法蘭克福帶來的正面效益，最終也出資代爲償還信貸資金。

走到橋面一端，仰頭會看見一段出自《荷馬史詩·奧德賽》希臘歷史格言：「ΠΛΕΩΝ ΕΠΙ ΟΙΝΟΠΑ ΠΟΝΤΟΝ ΕΠ ΑΛΛΟΘΡΟΟΥΣ ΑΝΘΡΩΠΟΥΣ」。意指「人們長久以來不曾改變與對岸溝通相連的願望，閃耀著古老智慧的光輝。」

今日鐵橋許多情侶漫步橋面，望著日落時分斜陽璀璨於河畔的浪漫，鎖下見證愛情的鐵鎖，成爲緊鎖愛情的象徵。

**1.**緊鎖鐵橋的愛情鐵鎖／**2.**鐵橋上方的紅字，即《荷馬史詩·奧德賽》的著名希臘歷史格言／**3.**鐵橋迷人的夜景

### 連接法蘭克福跨區的橋梁

在橋梁上賞河別有一番風景。法蘭克福共有8座橋橫跨美茵河，其中較為重要的有：1868年建造的鐵橋(Eiserner Steig)，是許多情侶鎖上愛情宣言的一座橋；荷爾拜因橋(Holbeinsteg)則是為行人專用建造的一座橋梁；而最重要也歷史最悠久的是法蘭克福老橋(Alte Brücke)，建造於11世紀的中世紀，這座橋一直到19世紀，都是連結老城區與薩克豪森區的重要石橋。

# 法蘭克福鐵路蒸汽老火車

## Fahren auf der Frankfurter Hafenbahn

### 老電影中才看的到的白煙蒸汽火車

搭乘地點：Eiserner Steg(鐵橋) | +49 (0) 69 4360-93 | 僅開夏季6月或7月，或者聖誕節12月前兩週，實際發車仍依官網發布時間為準 | 法蘭克福港口線(Hafenbahn)，成人€7，兒童與優待票€3。更多路線價格上官網查詢 | 同Eiserner Steg(鐵橋) | 建議停留30分鐘～1小時 | www.historische-eisenbahn-frankfurt.de | MAP P.18 / A3

彷佛置身在老電影中才體驗的到吐著濃濃白煙蒸汽老火車，火車穿過山洞時鳴笛聲響徹，好似回到過往的舊時光。法蘭克福鐵路協會創建於1978年，力求保存與永續古董火車的歷史與文化，1979年決定讓火車可以載著人們的兒時夢，一年裡僅行駛幾個特殊週末讓民眾搭乘體驗。市區路線以鐵橋爲中心，分西邊與東邊行駛路線。此外，若在冬天搭乘，最佳路線是由法蘭克福搭古董蒸汽火車到海德堡的聖誕市集，欣賞溫馨美麗的歐洲冬日。若喜歡懷舊行程，建議先上官網訂票，或者查看行駛時間與路線，再先行上車購票，預先規畫才不會撲空喔！

**1.**遊客欣喜的搭乘難得行駛的古董蒸汽火車／**2.**市區觀光路線，鐵橋(Eiserner Steg)上車地點站牌／**3.**車內會有站務車長，遊客可上車購票

# 美茵塔
## Main Tower

**俯瞰法蘭新舊交合的美景**

Neue Mainzer Straße 52-58, 60311 Frankfurt am Main | +49 (0) 69 3650-4878 | 夏季：週日～四10:00～21:00，週五～六10:00～23:00；冬季：週日～四10:00～19:00，週五～六10:00～21:00 | 成人票€7.5，家庭票€19(2大2小，兒童6～12歲)，團體票€5 | 搭乘S1～S6、S8或S9號線至Tanusanlage，往東北方出站，右轉走至Junghofsrasse，遇到Neue Mainzer Strasse再右轉，即抵達目的地 | 建議停留1小時 | 觀景台禁止攜帶飲食 | www.maintower.de | P.17 / G2

美茵塔建造於1999年，塔高200公尺，包含天線有240公尺高，共有55層樓。美茵塔是當時歐洲第一座外牆以全鏡像玻璃建造的雙塔連體結構高塔。方形高塔約170公尺高，圓塔約高199.5公尺。雖然現今法蘭克福最高塔已不再是美茵塔，但它卻是唯一開放民眾能夠俯瞰整個法蘭克福的高塔，甚至可以在高塔的餐廳酒廊欣賞景色與品味美食。而53樓與54樓也是歐洲最高的廣電與電視台辦公室。

來到老城區，一定要登上高塔，由高空俯瞰的景色。尤其是喜愛風景攝影的玩家，絕對要挑個好天氣，藍天白雲的午後到觀景台待到日落。每一刻的美景都會讓你無法停止按下快門。

**1.**法蘭克福唯一對公眾開放的美茵塔／**2.**美茵塔空中露台(圖片提供／© Frankfurt Tourist+Congress Board, Photo: Holger Ullmann)

## 站在世界金融的中心

玩家交流

Deutsche Börse AG提供遊客訪問證券交易所的機會。還記得每次看到電影裡，證券交易員拿著電話，看著板上數字瘋狂不停的做交易。而現實的證券交易，已隨著時代進步，交易系統的變更，已有相當不一樣的工作畫面。

參加導覽，聽著解說員相當耐心的解釋整個全球交易的小祕辛，感覺與電影場景有更進一步的接觸，十分有趣。

有興趣了解證券金融的世界與近距離體驗，可利用官網資訊，提早用電話或是E-mail與導覽中心預約，導覽時間為週一～五的09:00～17:00，交易所提供免費的英文講座與導覽。

**1.**地板上閃爍不停的紅綠燈，代表正在交易的股票證券狀態／**2.**解說員相當耐心的說明／**3.**交易中心開放參觀

# 法蘭克福證交所
## Börse Frankfurt
### 踏入世界交易中心的祕密大門

Börsenpl. 4, 60313 Frankfurt am Main｜+49 (0) 69 2111-1515｜週一～五09:00～17:00｜參觀免費｜搭乘S1～S6、S8或U1～U3、U6～U8到Hauptwache，往北邊Zeil出站，左轉至Zeil，直走An der Hauptwache後，左轉進入Schillerstraße，於第一個巷口Börsenplatz左轉，目的地即在右手邊。路程約4分鐘｜建議停留1小時｜www.boerse-frankfurt.de｜P.17／H1

享譽知名世界最大的交易中心之一，這間德意志交易所絕對要進來瞧瞧，能夠了解交易所如何經手世界市值最大企業的掛牌交易，與股票證券怎麼快速流動漲與跌，非常有意思的體驗。

交易所成立於1922年，提供市場買賣股票與證券交易服務，客戶不僅來自歐洲還有美國與亞洲地區，光是法蘭克福證券交易所，就擁有約有90%的營業交易額，是德國最大證券交易所。

**1.**法蘭克福證券交易所全貌／**2.**象徵股市經濟的「牛市」與「熊市」

# 舊歌劇院
## Alte Oper

### 法蘭克福的藝術殿堂

Opernplatz, 60313 Frankfurt am Main | +49 (0) 69 13400 | 依選擇展演而異 | 依選擇展演而異 | 搭乘U6或U7至Alte Oper，往南邊Bockenheimer Anlage方向出站，左轉直走Bockenheimerr Landstraße約1分鐘，即抵達目的地 | 建議停留30分鐘，若有購買演藝票，停留時間依表演時間而定 | www.alteoper.de | MAP P.13 / F6

法蘭克福舊歌劇院，自1873年開始由法蘭克福公民耗資巨大金額建造的，在開幕當天，德意志皇帝威廉一世曾這樣說：「我絕對不允許這樣的事情發生在柏林(Das könnte ich mir in Berlin nicht erlauben)。」意指著連皇帝也沒這麼多錢建造這座藝術殿堂，而法蘭克福人卻能夠耗資打造，就可以想像當時這裡的公民相當富有。可惜在1944年二戰後，歌劇院幾乎全毀，僅有前翼的部分外牆倖存，因此於1953年，公民提議再次募款集資重建，籌得當時約1,600萬馬克，才讓舊歌劇院的風貌再次於1981年重現。

舊歌劇院每年演出大約有400場不同的音樂作品表演，譬如古典音樂、爵士樂、現代音樂、搖滾樂或流行音樂。甚至每年9月會舉辦大型的音樂藝術饗宴，舊歌劇院與其他文化機構合作，提供各類型的藝術形式展演，如舞蹈、表演、電影、文學或戲劇。舊歌劇院極力保存其藝術殿堂的稱號，對所有藝術形式甚至兒童音樂做許多貢獻，其知名度享譽國際。尤其是春夏季假日或聖誕節，會有全球知名的音樂劇展演，吸引不少遊客前來。

**1.**舊歌劇院優美夜景(圖片提供／© Alte Oper Frankfurt, Photo: Moritz Reich)／**2.**Mozart Saal莫札特音樂廳照(圖片提供／© Alte Oper Frankfurt, Photo: Norbert Miguletz)／**3.**在Großer Saal(Large Hall)沉浸古典音樂的聽眾 (圖片提供／© Alte Oper Frankfurt, Photo: Tibor Pluto)／**4.**法蘭克福舊歌劇院

## 旅行小抄

### 盛夏8月的兒童遊樂園

每年的8月，舊歌劇院前會舉辦為期兩週的Opernspiele，這是兒童最歡樂與喜愛的兩個星期了。舊歌劇院前的噴水池，是小孩們踏水玩耍的露天泳池，再往前走的公園綠茵地，有各種遊樂設施；有蹦蹦高空彈跳、有直排溜冰、有旋轉木馬等等，非常適合帶小朋友來此共享夏日親子時光。

**1.**共享夏日親子時光／**2.**兒童玩得不亦樂乎的跳跳床／**3.**Opernspiele入口處

# MyZeil購物中心
## MyZeil

### 獨特的玻璃漩渦式造型建築

Zeil 106, 60313 Frankfurt am Main｜+49 (0) 69 2972-3970｜週一～三10:00～20:00，週四～六10:00～21:00｜視個人消費｜搭乘S1～S6、S8、S9或U1～U3、U6～U8到Hauptwache，往西邊Zeil方向出站，直走約40公尺｜建議停留30分鐘｜myzeil.de｜P.18／A1

從Hauptwache地鐵站出站，便是最熱鬧的購物大街——采爾大道，這裡有許多百貨商場，其中最著名的是一棟玻璃漩渦式造型的MyZeil購物商城，3,200片三角形玻璃鏡片打造的漩渦拱型穹頂，近距離感受更令人屏息。此外，屋頂的設計可以將雨水集中收集起來，靠著再循環系統，轉換成購物中心內部的清潔用水，為環保也盡一份心力。

MyZeil為一複合式購物中心，地下室有德國連鎖超市，頂樓提供各式餐飲，還有兒童遊樂中心，其他樓層為各類型購物商家。裡面還有一座聽說是全歐洲最長的手扶梯，約有46公尺，可以從地面一直搭到頂端。當初命名MyZeil，意指這個區域的歷史根源，縱使當時反對聲浪不斷，但自2009年正式開幕後自今，遊客仍舊慕名而來。

**1.**利用三角玻璃美學結構建造的MyZeil入口／**2.**著名的漩渦拱型穹頂

# 法蘭克福藝術協會
## Frankfurter Kunstverein

### 徜徉在天馬行空的藝術舞台

Markt, 60311 Frankfurt am Main｜+49 (0) 69 2193140｜週二～六11:00～19:00(週四11:00～21:00)｜休 週一、日｜$ 成人票€8，優惠票種€6｜搭乘U4或U5至Dom/Römer，往東出地鐵站向Krönungsweg / Mark方向前進，約步行1分鐘，即抵目的地｜建議停留30分鐘｜http www.fkv.de｜MAP P.18 / A2

法蘭克福藝術協會成立於1829年，爲規模最大與歷史最悠久的藝術團體，創造與推進城市藝術。館長也致力於協助國際年輕新興當代藝術家的崛起，協會機構可以說是開創性藝術家與藝術趨勢的指標地之一。協會就坐落於羅馬廣場與大教堂之間的哥德式石屋內(Steinernen Haus)，提供遊客與民眾不定期特展、藝術演出、講座，以及藝術家交流平台；協會也定期舉辦青年藝術節，提供設計、藝術、戲劇系等學生一個創作交流平台。此外，民眾可先在官網瀏覽感興趣的工作坊主題，提早預約即可參觀與體驗身爲藝術家的小片刻。逛累了之餘，館內也提供咖啡吧，就放慢腳步，將自己擁在藝術的空氣中，享受文青的愜意時光。

1.青年藝術節「Es muss der Ort sein」特展(圖片提供／© Frankfurter Kunstverein, Photo: Juliane Kutter)／ 2.「The Garden Room」特展(圖片提供／© Frankfurter Kunstverein, Photo: N. Miguletz)／ 3.藝術家Joko Avianto在協會門口前的裝置藝術作品(圖片提供／© Frankfurter Kunstverein, Photo: Andang Iskandar)

# 現代藝術博物館
## Museum für Moderne Kunst

### 來看安迪．沃荷的畫作

Brückenstraße 3-7, 60596 Frankfurt am Main｜+49 (0) 69 212-30447｜週二～日10:00～18:00(週三10:00～20:00)｜休 週一｜$ 成人票€16，優惠票種€8，18歲以下青少年免費｜搭乘U4或U5至Dom / Römer，往東邊Hühnermarkt出站，遇到Domplatz右轉，交接到Domstraße直走100公尺即達目的地｜建議停留1.5小時｜http mmk-frankfurt.de/de/home｜MAP P.18 / A2

成立於1981年的法蘭克福現代藝術博物館(Museum für Moderne Kunst，MMK)位在老城區的心臟地帶，是當地最年輕的博物館。維也納建築師漢斯(Hans Hollein)利用博物館所處的三角地帶，將其設計成一座後現代風格的三角形建築，醒目獨特的切片外觀因此被當地人稱爲「蛋糕塊」。

館藏從19世紀至今，有超過5,000件國際藝術作品。包括普普藝術家經典代表，如家喻戶曉的安迪．沃荷(Andy Warhol)的〈布瑞絡盒〉(Brillo Box)、以米老鼠畫作眾曉的羅伊·利希滕斯(Roy Fox Lichtenstein)等名作。現代藝術博物館長年致力推動國際間文化藝術交流的平台，奠定了其在國際博物館界的權威。

MMK現今有3個展館，MMK1爲主要展館，展覽藝術項目以世界各地頂尖藝術家的短期展爲主；MMK2展館，展示法蘭克福現代藝術博物館近年的收藏品與新興設計爲主；MMK3展館，則是當代藝術作品與當代藝術的活動基地。

**旅行小抄**

**蜜蜂奧祕體驗營**

MMK1自2007年開始在其屋頂設有養蜂場，成人或兒童皆可報名參加蜜蜂奧祕的體驗營，該體驗營約1個小時，有興趣的遊客皆可官網上預定行程。

屋頂養蜂場體驗營(圖片提供/© Museum für Moderne Kunst, Photo: Axel Schneider)

**1.**現代應用藝術博物館1館，如蛋糕塊有趣的建築外觀(圖片提供/© Frankfurt Tourist+Congress Board, Photo: Holger Ullmann) / **2.**Will Benedict 「Comparison Leads to Violence」特展(圖片提供/© Museum für Moderne Kunst, Photo: Will Benedict and Neue Alte Brücke)

# 席恩美術館
## Schirn Kunsthalle

### 與法國龐畢度藝術中心齊名

Römerberg, 60311 Frankfurt am Main | +49 (0) 69 299-882 | 週二、五、六10:00～19:00，週三、四10:00～22:00 | 休 週一、日 | $ 依展覽主題而定 | 搭乘U4或U5至Dom / Römer，往西邊Krönungsweg / Markt出站，遇到Römerberg左轉，即抵目的地 | 建議停留1小時 | http www.schirn.de | MAP P.18 / A2

位處老城區心臟地帶的席恩美術館，是舉辦200多場現代與當代藝術展覽的主要場所。這些展覽包括新藝術運動、表現主義、達達和超現實主義等主題展覽；以及女性表現主義、德國攝影主題、當地藝術與音樂。甚至還有蘇聯時期史達林時代的視覺藝術，基督教徒或當代藝術中的浪漫主義等主題。

Shirn的德語中譯含有「露天攤位」之意，這些「露天攤位」在1944年二次大戰間被摧毀，戰後由Kunsthalle重建，後來也得到城市與國家的支持，讓席恩美術館享譽國際，也與法國龐畢度藝術中心互相合作，博物館因此邀請許多國際知名的藝術家如Wassily Kandinsky、Yves Klein等藝術展覽，是位在老城區舉足輕重藝術景點。

**旅行小抄**

**歐洲博物館開放時間**

法蘭克福博物館大部分皆於週一休館，每日開放時間也依各個博物館不同，且部分博物館於每月最後一個週日，提供免費入館參觀的機會，建議旅客前往目的地參觀前，務必先做好資料唷！

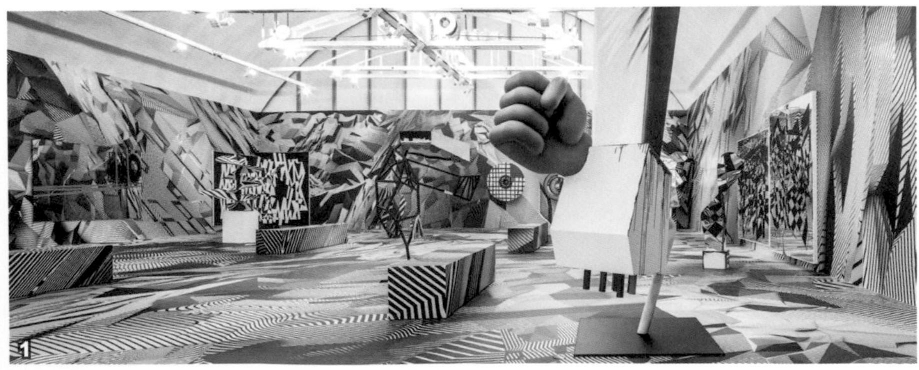

**1.**藝術家Tobias Rehberger利用黑與白的幾何平面，玩一個視覺的小把戲，看著看著，自己似乎掉入漩渦 / **2.**連接法蘭克福大教堂(Dom)與席恩美術館的後街小巷 / **3.**席恩美術館入口處的玻璃造型穹頂 / **4.**席恩美術館展示，20世紀柏林「飆派」(Der Sturm)中，18位具影響代表性女藝術家，以建構主義、表現派、立體派等等，做一個時代性的展覽 (以上圖片提供 / © Schirn Kunsthalle)

### 徜徉在夏日空中電影院

玩家交流

短暫停佇於法蘭克福的夏日，是許多博物館安排戶外活動的最佳時機。坐在館外的露天空間，觀賞席恩美術館每年在夏季安排各國經典電影，好不愜意。夏日的夜晚，選一部喜愛電影展映的時間，買一瓶紅白酒，就坐在白椅上，享受這歐洲人也愛打發時光的慵懶夏夜。

露天電影院時光

# 歷史博物館

## Historisches Museum Frankfurt

### 了解城市與社會變遷的史簿

✉Saalhof 1, 60311 Frankfurt am Main | ☎+49 (0) 69 2123-5154 | 🕒週二、四、五10:00～18:00，週三10:00～21:00，週六、日11:00～19:00 | 休週一 | $成人票€8，優惠票種€4，18歲以下青少年免費 | ➡搭乘U4或U5至Dom / Römer，往西邊Krönungsweg / Markt朝Nürnberger Hof方向出站，遇到Römerberg左轉，直走接到Fahrtor，即抵目的地，耗時約3分鐘路程 | ⌛建議停留1小時 | http historisches-museum-frankfurt.de | MAP P.18 / A3

重新開幕的法蘭克福歷史博物館，是老城區博物館的新熱門景點。歷史博物館的使命在於收集法蘭克福城市歷史背景訊息，作為城市與社會重要的對話窗口，人們透過參觀博物館收藏的文物與展覽，進而了解與反思城市的現狀和未來。

「昔日的法蘭克福」(Frankfurt Einst?)常態展，更認真的討論：怎麼看待法蘭克福這座城市？它又怎麼被公民們看待？居住在此的公民與外籍人士之間的關係？想更深度了解法蘭克福市的背景歷史，該博物館是必參訪的行程景點。

**1.**法蘭克福市的歷史雕像(圖片提供／© Historisches Museum) / **2.**博物館內城市常態展(圖片提供／© Historisches Museum, Photo: Andang Iskandar) / **3.**歷史博物館區全景(圖片提供／© Historisches Museum)

# 猶太人小巷博物館
Museum Judengasse

## 了解納粹與猶太人的愛恨情仇

Battonnstraße 47, 60311 Frankfurt am Main | +49 (0) 69 212-35000 | 週二10:00～20:00，週三～日10:00～18:00 | 休 週一 | $ 成人票€8，優惠票種€3，18歲以下兒童免費，每月最末週六免費 | 搭乘U4或U5至Konstablerwache，往南走Kurt-Schumacher-Straße朝Albusstraße前進，於Battonnstraße向左轉，即抵目的地 | 建議停留45分鐘 | http www.museumjudengasse.de | MAP P.18／B2

根據歷史記載，猶太人很早就落腳在法蘭克福。在西元1460年時，市議會決定將猶太人人口強迫安置於城牆的邊緣，獨自隔離成一區，稱作猶太人小巷(Judengasse)，這是歐洲史上第一個猶太居住區。

17世紀初時，猶太人小巷的居住人口已暴增至約3,000人左右，他們受人讚揚的豐富文化與人文成就，讓法蘭克福發展成爲歐洲最重要的猶太人中心。然而，直到1938年，爆發了驚世駭俗的水晶之夜，納粹摧毀猶太人的家園，這一晚是猶太家庭的夢魘起點。

### 何謂水晶之夜？

水晶之夜(Reichskristallnacht)與水晶毫無關係，從德文上指的是被納粹敲碎的櫥窗玻璃，支離破碎的玻璃在月光照射下彷如水晶閃著。1938年11月9日，這一晚德國政府暗地策畫放火與損毀至少共約1萬戶猶太商店與教堂，對猶太人來說是個屠殺的開始，超過3萬名猶太男性遭受逮捕並關進殘酷的集中營。

而1987這一年，市府公用事業部在開挖地基準備蓋辦公大樓，意外挖出早期猶太區遺跡，當時的民眾爲了力保歷史遺跡，爆發相當激烈的遊行抗爭。後來，博物館與基金會爲了紀念猶太人的歷史與文化，努力收集800多年的文獻歷史，並完善保存出土的遺跡，甚至在博物館旁邊建立起受害猶太人的墓碑，讓後人記得這段歷史與猶太人的文化。

**1.**離熱鬧市區Konstablerwache不遠處的猶太人小巷博物館／**2.**傳統猶太宗教的文物展示／**3.**猶太區出土遺跡／**4.**受難猶太者墓碑。墓碑上放有石頭者，代表為後代親人返回探望與緬懷 (圖2、3圖片提供／© Museum Judengasse)

# 歌德故居、歌德博物館

## Goethe-Haus & Goethe-Museum

### 大文豪誕生地

✉Großer Hirschgraben 23-25, 60311 Frankfurt am Main | ☎+49 (0) 69 138-800 | 🕒週一～六10:00～18:00，週日與公眾假日10:00～17:30 | $成人票€7，優惠票種€3，6歲以下兒童免費 | ➡搭乘S1～S6、S8、S9或U1～U3、U6～U8至Hauptwache，往西南出站，遇到Katharinenpforte左轉，直走遇到Kleiner Hirschgraben右轉，左轉Großer Hirschgraben直走47公尺即抵目的地 | ⌛建議停留30分鐘 | http www.goethehaus-frankfurt.de | MAP P.17 / H2

德國詩人作家約翰・沃爾夫岡・歌德(Johann Wolfgang von Goethe)出生於法蘭克福市，故居就坐落於老城區的心臟地帶，因此在第二次世界大戰中也遭受砲火無情摧毀，經過修復後重現當年德國木桁架建築風貌。

這棟房子原屬歌德的祖母，房屋共有4層樓：1樓爲廚房與餐廳；3樓爲洛可可風沙龍與音樂室，這裡還掛有當年歌德誕生時的天文鐘，歌德還曾爲此寫了一首關於童年的詩，展示間也展示當年報紙的消息報導；4樓則是歌德的房間。

歌德與家人一直住在這棟屋裡，直到1765年，他16歲時，搬遷到德國東部萊比錫(Leipzig)學習法律，雖然歌德此後偶爾返鄉，但祖屋最終賣給他人，直到1863年由地質學家奧托・沃爾格(Otto Volger)購買下來，將歌德家族遺留下來的物品作爲歌德紀念故居。

1.歌德故居書房／2.大文豪歌德故居 (圖片提供／© Frankfurt Tourist+Congress Board, Photo: Holger Ullmann)

# 漫流整個金融城市的美茵河

美茵河(Frankfurt am Main)，河流漫流整個掌握歐洲的金融城市——法蘭克福，因此也常被稱為美茵河畔曼哈頓(Mainhatten)，就如同紐約的曼哈頓。

美茵河全長527公里，從歷史與政治來說，美茵河鞏固了德國南部的北部邊境，是萊茵河(Rhine)東岸最大的支流，支流流經巴伐利亞(Bavaria)、巴登-符騰堡(Baden-Württemberg)與黑森邦(Hessen)，沿河上溯，連接多瑙河與黑海，最終在美茵茨(Mainz)注入萊茵河。

## 河畔散步

河畔散步或跑步是許多當地人最愛的休閒活動，最美的散步路線可以從薩克

2

豪森區(Sachsenhausen)開始，沿著河畔有許多咖啡館與酒吧，累了，就停下喝杯冰涼的蘋果酒，看看法蘭克福的迷人的天際線。

## 夏日的河邊野餐

夏季時，河畔野餐也是當地人享受生活的方式：一塊野餐布、輕便又美味的食物、也許拎著一瓶酒，三群好友在河畔吹著風，欣賞河面景致的樂趣，體驗法蘭式的日常。

1

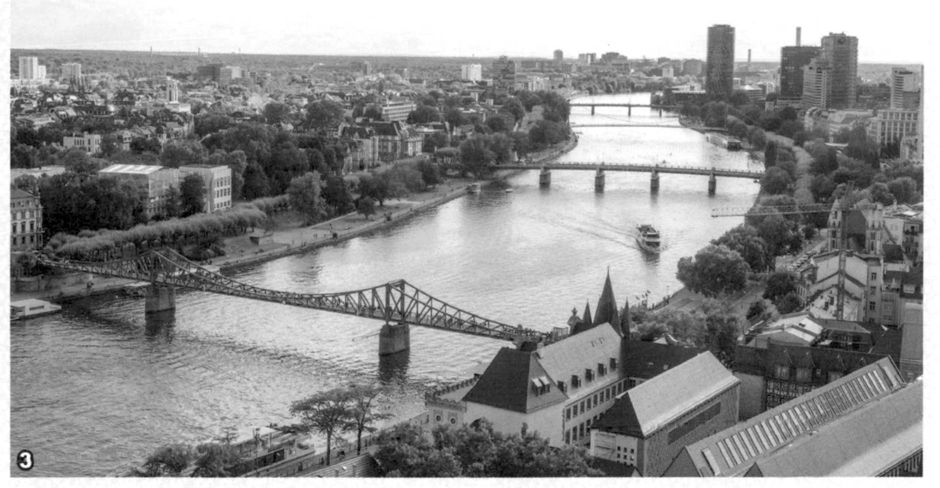

## 搭船欣賞如畫般的城市

欣賞這座城市最美的時刻，無非是被晚霞渲染成美麗胭脂色的日落時分。夜河畔兩旁古老與現代交錯的建築，與橋下的光影，斜映在河面上。喜歡就這樣坐在船上無喧囂的欣賞這河岸景致。

目前最大的兩間遊船服務公司是PrimusLinie與KD，可選擇英文導覽。搭Primus僅要€12.80就能遊100分鐘，從Offenbach至Griesheim，為最佳探索河上法蘭克福的迷人路線。

## 乘船去鄰近城市吧

除了遊船法蘭克福之外，另外可以選擇搭船去鄰近城市。我最喜歡的路線是搭船去威斯巴登(Wiesbaden)，這裡是黑森邦的首都，怎麼能不去呢？從法蘭克福到美因茲再到威斯巴登，一路可以欣賞田野風光的氣息。最好可以購買遊河與RMV組合的遊票，搭15:30從法蘭克福的船，回程可以再坐德鐵折返。

http 官方網站：
www.primus-linie.de
www.kd-schiff-frankfurt.de

**1.**美茵河的天際線 (圖片提供／© Frankfurt Tourist+Congress Board, Photo: Holger Ullmann)／**2.**春天櫻花綻放時的美茵河畔，當地人特別喜愛席地而坐，享受日光浴的美好時光／**3.**乘船欣賞美茵河美景

# 溫馨聖誕市集

講到聖誕節，是歐洲一年之中最重要的佳節之一，具體來說，從降臨節開始，就感受到大街小巷濃厚的佳節氣氛。法蘭克福市在11月底到12月22日聖誕節前的兩日，在羅馬廣場舉辦為期約1個月的聖誕市集(Weihnachten)，氣氛浪漫，過節氣息濃厚。市政廳前飾滿繽紛耶誕燈的冬青樹，吸引各地遊客紛至沓來，從這一間傳統德式美食攤到下一間的遊樂場，只為感受響叮噹的歡慶時刻。尤其美茵河冷冽的寒風吹來雖令人感到刺骨，但若無這樣的低溫感受，就無聖誕節的氣氛啊！

這時候就必須點一杯溫暖的熱紅酒

3

(Glühwein)緩慢啜飲，舒服且溫暖至心坎裡。德國傳統的熱紅酒，非常香甜甘美，利用辛香料，如肉桂、橘皮、丁香、蘋果等材料與紅酒結合，是冬季限定的酒類飲品，遊客到此旅遊時，一定要品嘗這個好味道。在市集購買各式飲品時，價格除了價目表上顯示的金額外，還會多加外

1

帶杯的費用；每年聖誕節杯子皆有不同設計款，若喜愛杯子設計或想收藏的遊客，就可以直接帶回家。反之，在喝完之後，可以將空杯退給店家，店家會將其費用退款給你。

此外，在這麼浪漫唯美的聖誕佳節，廣場上少不了歐式旋轉木馬，不管是成人或兒童都等著排隊，坐在木馬還是馬車裡，沉浸在浪漫溫馨的聖誕氣氛中。

**1.**法蘭克福氣氛溫馨的聖誕市集／**2.**德國傳統熱熟食攤位／**3.**廣場上最好喝的熱紅酒店家／**4.**德國傳統甜食攤位／**5.**聖誕節限定杯子 (圖1、圖2圖片提供／© Frankfurt Tourist+ Congress Board, Photo: Holger Ullmann)

# 人人同慶的嘉年華會

「狂歡節」(Fasching / Fastnacht)是德國僅次於聖誕節的重要節日，是天主教民間信仰的宗教活動。這一天，在法蘭克福市區有巡遊整個老城區的狂歡大遊行，騎警雄赳赳騎著駿馬帶隊在前，遊行隊伍穿扮特色衣著，沿街吹舞響樂、向湛藍天空拉起響炮、向圍群民眾撒著大把的糖果。而大人小孩都會細心盛裝打扮；有人打扮成小兔子、有人打扮成香蕉，也有人打扮星際大戰。遊行隊伍經過時，在場每位民眾都興高采烈得歡迎揮手，嘴裡吶喊著「Hellau」，(是法蘭克福狂歡節的歡呼口號)，一同歡

3

慶灰暗冬天的結束，迎接春天的來臨。

狂歡節的慶典較盛行於德國西部，例如萊茵河地區。其他國家或城市也有狂歡節，國際間知名的狂歡節，有「科隆狂歡節」與「巴西狂歡節」。每個地區所舉辦的狂歡節慶祝活動會因各地習俗而異。但決定舉辦的日期，差不多都是以復活節為基準。

每年的復活節為晝夜平分點第一個滿

1

月之後的第一個週日，即是「聖灰星期三」(Aschermittwoch)，也稱大齋首日。在聖灰星期三到復活節前的40天，是天主教徒的守齋期，這期間禁止食肉、娛樂等喜慶活動。因此，當狂歡節開始時，也意味著教徒們守齋期的結束，教徒們狂歡的開始。

今日的狂歡節，街頭歡樂派對的氛圍大於濃厚的宗教意味，雖然每年狂歡節的日期不一，但大約都在我們立春後的2～3月之間，若來到法蘭克福正好遇到狂歡節的嘉年華遊行，別忘了多拍幾張相片，記錄當地的特色習俗。

**1.**盛裝打扮的民眾／**2.**嘉年華遊行隊伍／**3.**口裡吶喊Hellau的騎警／**4.**大放拉炮的共樂時刻／**5.**小孩開心的撿著地上的糖果

# 當地人喜愛的聚會地點

每週四10:00～20:00與週六08:00～17:00，在老城區的重要車站Konstablerwache地面廣場，是法蘭克福最大戶外市場的擺攤時間。每遇農夫市集的用餐時間，不難發現當地許多退休老奶奶或爺爺聚集在這裡，只為與朋友聚會閒聊，啜飲一杯紅白酒或是蘋果酒。而下班後，許多鄰近周邊的上班族，也會前往市集攤販買把新鮮的菜，或是屠夫宰殺的自然肉品。

我呢，最喜歡在市集喝杯鮮榨香甜的蘋果汁，再點一盤美味到不行的咖哩腸，坐在露天的木板長椅，靜靜享受一個人的片刻時光。你也可以來發掘農夫市集更多新鮮自製的美味餐點，體驗當地人的悠哉時光。

**1**、**2.**Konstaberwache農夫市集是當地人們喜愛的聚會地點／**3.**各式各樣的輕食小點

# 逛街購物

## 進入回憶的時空膠囊

## Last Century Modern

Domstraße 6, 60311 Frankfurt am Main | +49 (0) 69 6560-1263 | 週一～六10:00～19:00 | 視個人預算 | 搭乘U4或U5號線至Dom / Römer，往東邊Hühnermarkt出站，遇到Domplatz左轉，在第一個路口左轉直走接到Markt，全程約2分鐘 | 建議停留15分鐘 | www.last-century-modern.com | MAP P.18 / A2

「留住上一個世紀的美好時光。」是店家主人希望這個世紀的人們，能與上世紀日常文化，激盪出一個美學時尚的火花。拉丁語中curio-sitas一詞，翻譯成中文，代表著「好奇心」。從走進店裡的那一刻起，就激發出內心的好奇心，慢慢發現迷人的一品一物。尤其對上個世紀的人們來說，這裡就像回到他們當年的遊戲間，展示著純眞年代的稚氣，手裡把玩著童年的鐵皮機器人、翻閱著《丁丁歷險記》的經典漫畫，還有電視裡的藍色小精靈。這是在法蘭克福市區過度商業化的店家群裡，難得可貴的一間文青小店。

### 旅行小抄

**歐洲商店營業時間**

在法蘭克福逛街購物需要注意，週日為所有商店的公休日，而部分店家於週六也會較早休息。且大部分商家在週間也都只營業到晚上19:00～20:00，有購物需求的人，要注意妥善安排時間。

**1.**店內一隅 / **2.**小小的商店，卻有大大的驚喜 / **3.**主人精選許多人的童年回憶(以上圖片提供 / © Last Century Modern)

美極廚房親體驗

# MAGGI Kochstudio Frankfurt

Neue Kräme 27, 60313 Frankfurt am Main | +49 (0) 69 9139-9322 | 週一～六10:00～20:00 | 用餐平均消費€10～15，廚房烹飪課程€69 | 搭乘S1～S6或S8～S9至Hauptwache，往北邊Zeil出站，遇到Liebfrauenstraße右轉，直走140公尺會接到Neue Kräme，再步行約63公尺後，目的地即在右手邊 | 建議停留10分鐘 | www.maggi.de/maggi-kochstudio/treffs | MAP P.18 / A2

很多人不知道，知名的調味料品牌——美極（Maggie），其實是源自於歐洲。在明亮乾淨的法蘭克福旗艦店裡，你可以買到自家出產的湯包、調味料、醬料等等。而店裡更設有美極廚房，於每日11:00～15:00提供新鮮輕食料理或是季節菜單主食。

喜歡到各地體驗當地烹飪課程的旅客，現在美極美食工作坊也提供體驗異國料理的機會！官方網站可挑選合適的日期與喜歡的異國菜單，即可線上報名一起下廚的獨特活動。當然費用已包含所有新鮮食材，老師還會傳授日常料理的小撇步，食譜的配方以及烹煮步驟。

**1.**明亮乾淨的美極法蘭克福旗艦店 / **2.**美極美食工作坊烹飪後的餐點享用區 (以上圖片提供 / © Maggi)

知識充電站

## 美極的誕生

在亞洲常見到的美極(Maggie)醬油，其實是源自於歐洲。1846年由公司創始人Julius Maggi接了父親Michael Johannes Julius Maggi的在瑞士的家業，後來在德國成立了公司。解決當時工業化時代營養不均的嚴重問題。他研發了以富含蛋白質的豆粉即沖食品，並能夠大量生廠。

在1884年終於為當時食品工業帶來革命性的改變，人民得到有效的營養改善，從此美極的即沖食品也享譽全球。而美極醬油(MAGGI Würze)的誕生，也是Julius另一項成功的食品發明，可說是在歐洲家家戶戶必備調味料。

## 旅行小抄

### 美極下廚房體驗

若是與親朋好友一起來德國玩，美極設有美食工作坊，利用當地食材，跟著當地廚師，一起做一道美味佳肴。課程一堂為€69，含礦泉水。在行程安排出發前4～8週，寫信到下方的電子郵件，可以為旅客客製英文課程，或者上官網選擇自己喜歡的課程。

需注意的是，官網的烹飪課程，是以德語授課，歡迎有德文基礎的旅客，可以體驗看看！

www.maggi.de/maggi-kochstudio/kochkurse

@ kochstudio@maggi.de

德國知名老牌「雙人牌」

## ZWILLING

Neue Kräme 21, 60311 Frankfurt am Main | +49 (0) 69 282-423 | 週一～五10:00～19:00，週六10:00～18:00 | 視個人預算 | 搭乘S1～S6或S8～S9至Hauptwache，往北邊Zeil出站，遇到Liebfrauenstraße右轉，直走140公尺後會接到Neue Kräme，繼續直走約92公尺即達目的地 | 建議停留15分鐘 | de.zwilling-shop.com | P.18 / A2

許多遊客來德國必買的德國廚房用品老牌「雙人牌」，位在老城區的法蘭克福店，除了雙人牌外，也販售法國知名的鐵鑄鍋，以及其他知名廚具品牌。店內不定期推出促銷優惠，且該店的人潮通常不會擁擠，旅客可以輕鬆的逛街與挑選商品。

**1.**可輕鬆逛街選購商品的雙人牌免稅店 / **2.**店內也供有其他國際知名廚具品牌

以合腳舒適聞名的勃肯鞋

## BIRKENSTOCK

Neue Kräme 25, 60313 Frankfurt am Main | +49 (0) 69 9202-0336 | 週一～六10:00～20:00 | 視個人預算 | 搭乘S1～S6或S8～S9至Hauptwache，往北邊Zeil出站，遇到Liebfrauenstraße右轉，直走140公尺後會接到Neue Kräme，繼續直走約92公尺即抵目的地 | 建議停留15分鐘 | www.birkenstock-frankfurt.de | P.18 / A2

德國鞋類製造商勃肯鞋剛風行時，就主打舒適合腳。最受大家喜愛的就是它合腳的軟木與橡膠材質鞋底的多種樣式涼鞋。在這裡勃肯鞋廣受醫師或護士的喜愛，因為職業需求需要長時間走動，所以舒適的鞋墊受到他們的青睞。法蘭克福的勃肯鞋分店，除了歐洲最新鞋款外，也經常有促銷活動。

勃肯涼鞋法蘭克福店

## 女孩們都愛的質感小物店

# Tía Emma

Alte Gasse 4, 60313 Frankfurt am Main | +49 (0) 69 282-423 | 週一～五11:00～19:00，週六10:00～17:00 | 視個人預算 | 搭乘S1～S6或S8～S9至Konstablerwache，往北邊Zeil出站，遇到Große Friedberger Str.右轉，直走遇到一個小圓環後，繞圓環直走接到Alte Gasse，24公尺後即抵目的地 | 建議停留20分鐘 | www.tia-emma.de | P.14 / B6

來Tía Emma最好的消費方式，就是點一杯咖啡與糕點，坐在靠窗的街邊，享受一下市區巷內的輕鬆片刻的寧靜。因爲女店主會擔心客人在店內觀望太久，一不小心就荷包失血。

還記得小時候的小物雜貨店嗎？Tía Emma不定期就從巴黎、倫敦還有美國進如此懷舊又可愛的小物，讓人看的就想把它帶回家。這樣的設計概念店，在商業化的大城市越來越少見，實在很推薦遊客在Zeil(采爾大道)逛累之餘，來這裡體驗當地的悠閒。

1.琳琅滿目可愛小物的概念店／2.概念店內還供有咖啡小座／3.從各地來的懷舊小物，會讓人好奇的把玩／4.包裝像日本壽司的襪子，非常可愛／5.當地設計師設計的平價流行項鍊

(圖1~3圖片提供／© Tía Emma)

## 隱藏於市集內的法蘭克福傳統香腸鋪

玩家交流

在市集內，有一家香腸店鋪特別想要分享給大家。走進市集時，先經過一整面販售肉品的肉鋪，大約走到市集中間，會看到大排長龍的人潮，原來大家都是為了買這家店鋪裡，新鮮製作的傳統德式香腸。

先選擇想要的香腸種類，以秤重的方式計價，老奶奶還會問需不需要另外買德式麵包，夾著香腸吃，而德國人習慣會再加上黃芥末一起吃。SCHREIBER香腸鋪的肉腸，扎實的灌腸，帶一點特殊香味，配著店家特製的芥末醬，有種和諧的美味口感。推薦到這裡時，可以來嘗嘗看，真正的新鮮德式香腸到底有什麼不一樣唷！

**1.**口味地道的香腸店鋪／**2.**扎實的灌腸，搭配黃芥末吃是德式吃法

## 法蘭克福傳統小市集
# Kleinmarkthalle

Hasengasse 5-7, 60313 Frankfurt am Main｜週一～五08:00～18:00，週六08:00～16:00｜視個人預算｜搭乘S1～S6或S8～S9至Hauptwache，往北邊Zeil出站一路直走約250公尺，遇到Hasengasse右轉，繼續直走約200公尺即抵目的地｜建議停留25分鐘｜kleinmarkthalle.de｜MAP P.18／A1

早在100年前，Kleinmarkthalle就已是新鮮傳統市集的集散地了。市集的正門就在Hasengasse街上；而後門在另外一側An der Kleinmarkthalle的祕密小巷。市集約1,200平方公尺，分上下兩層樓；1樓供應有新鮮的蔬果、現宰的各種肉類、各式奶酪製品、還有手作德式香腸、歐式花卉與香料，以及世界各地的美食小店；2樓則有海鮮供應商。市集現今的概念是希望能促使在地傳統的特色文化與現代化國際接軌，因此在An der Kleinmarkthalle這一側的美食花園露台，更是許多附近銀行區與證券交易所人士聚集品酒的場所；甚至若在週六造訪市集，會看見許多當地民眾與遊客聚集在此品酒與享受美食，可說是當地的特色文化。

**1.**半露天的2樓，是許多人喜愛飲酒聊天的小場所／**2.**Kleinmarkthalle正門口／**3.**販售各式醃製肉鋪，有點像是台灣的臘肉鋪／**4.**市集內特別好喝的咖啡攤位

## 除了售書，還有特色伴手禮

# Hugendubel Frankfurt

✉Steinweg 12, 60313 Frankfurt am Main｜☎+49 (0) 69 8088-1188｜⏰週一～六09:30～20:00｜$視個人預算｜➡搭乘S1～S6或S8～S9至Hauptwache，往西南方出站，遇到Steinweg右轉，繼續直走約130公尺即抵目的地｜⌛建議停留20分鐘｜http www.hugendubel.de/Frankfurt｜MAP P.17／H1

Hugendubel是當地數一數二的大型連鎖書店，銷售綜合性書籍：歷史與人文藝術、應用科技、設計文具等。更特別的是這間分店還增設特別的一區，販售黑森邦的各種特色商品，包括區域性的德式蘋果酒禮盒組、德式罐頭香腸、黑森邦著名的綠醬或紅醬、法蘭克福最傳統的杏仁糕餅等等。如果來法蘭克福不曉得買什麼伴手禮，這一間市區最大的書店，可以提供旅客更多禮物選擇。而書局地下室販有輕食與咖啡，喜歡閱讀的旅客，這裡是個非常適合放慢旅行的小場所。

1.在老城區最大的連鎖書店，想買什麼書來這裡就對了／2.書店內亦販售有黑森邦特色禮商品區

## 價格平易近人的居家用品店

# Lorey

✉Schillerstraße 16, 60313 Frankfurt am Main｜☎+49 (0) 69 299-950｜⏰週一～六10:00～19:00｜$視個人預算｜➡搭乘S1～S6或S8～S9至Hauptwache，往北邊Zeil出站，左轉Zeil大道接到An der Hauptwache，遇到Schillerstraße右轉後直走約110公尺後即抵目的地｜⌛建議停留25分鐘｜!?店內禁止拍照｜http www.lorey.de｜MAP P.17／H1

「歡迎回家」是Lorey的口號。自1796年起開始經營，是法蘭克福非常著名的百年家居家族老店，占有5層樓的偌大商店，販售高品質的廚房用品：Meissen、Baccarat、Hèrmes、Fissler、Zwilling、Wüsthof及其他等廚具品牌；產品線包括烹飪、刀具、餐盤、調味料瓶罐；還有各類居家飾品：包括紡織類、衛廚浴巾等。除了擁有多樣化的商品外，平易近人的價格，也是許多遊客前往逛街購物的好去處。

1.若遇上打折季時，Lorey的價格也很親民喔／2.Lorey寬敞的購物空間，與琳瑯滿目的品項，讓人可以輕鬆挑選／3.店內各式各樣的歐式風格餐盤瓷器組
(圖3圖片提供／© Lorey)

## 推薦口感軟Q的水果軟糖

玩家交流

一般海外較廣為人知的德國軟糖是Haribo，每個朋友來德國都會問我，哪裡可以買到該牌的小熊軟糖？不過，我反而都推薦Bären-Treff，各大超市或機場都買不到，僅限法蘭克福市區或是海德堡等旅遊城市的市區才有！Bären-Treff軟糖的口感比較軟Q，果汁含量相對也比較高，因我推薦而購買的人，都說會不知不覺就把一包小熊軟糖嗑光了呢！

夏季限定獨角獸水果軟糖

必買伴手禮的德國軟糖

## Bären-Treff

An der Hauptwache 11, 60313 Frankfurt am Main | +49 (0) 69 2199-8884 | 週一～六10:00～19:00 | 視個人預算 | 搭乘S1～S6或S8～S9至Hauptwache，往北邊Zeil出站，左轉Zeil大道接到An der Hauptwache，直走約27公尺後即抵目的地 | 建議停留10分鐘 | www.baeren-treff.de | MAP P.17 / H1

Bären-Treff至今推出超過100種的水果軟糖，每個軟糖皆含有高含量的果汁，甚至有些產品是添加眞正的果粒，且強調製造無添加化學色素成分。無明膠添加的軟糖，讓素食者也可安心食用，甚至也有提供給糖尿病患者的替代水果軟糖！

除了水果軟糖外，Bären-Treff的甘草軟糖也是許多人喜歡的口味喔！且根據季節或節日也會推出不同可愛造型的水果軟糖，所以旅客千萬別忘了來帶個伴手禮呀！

**1.**僅此一家，千萬別錯過的伴手禮店／**2.**獨特造型的各式口味Pizza軟糖

## 灣景廣場購物中心
# Skyline Plaza

✉Europa-Alee 6, 60327 Frankfurt am Main｜☎+49 (0) 69 2972-8700｜🕒週一～三10:00～20:00，週四～六10:00～21:00｜$視個人預算｜➡搭乘U4至Festhalle / Messe，往東南Platz der Einhei方向直走約200公尺後，右轉Europa-Allee直走約180公尺，即抵目的地｜⌛建議停留1小時｜http www.skylineplaza.de｜MAP P.16 / B3

Skyline Plaza位於法蘭克福新開發的歐洲小區(Europaviertels)，沒有老城區的喧囂，新開幕的購物中心有各式異國美食街與各時尚品牌進駐，讓遊客可以輕鬆自在的在廣場內逛街購物與用餐，頂樓設有美麗怡人的空中花園，漫步其中欣賞這新開發住宅小區的全景風貌；開闊怡朗的大道、悠哉散步的市民、藍天白雲下微風徐徐吹拂，與市區的喧囂擁擠相比，這裡更顯舒適與悠閒。

灣景廣場的流線建築設計，寬敞的購物與美食空間，吸引不少來法蘭克福的參展人士來此漫步
(圖片提供 / © Frankfurt Tourist+Congress Board,Photo: Holger Ullmann)

## 獨一無二的設計師原創商品
# The Listener

✉Stephanstraße 3, 60313 Frankfurt am Main｜☎+49 (0) 69 2100-8000｜🕒週一～六11:00～19:00｜$視個人預算｜➡搭乘S1～S6或S8～S9至Konstablerwache，往西邊Zeil出站，遇到Schäfergasse右轉後直走約190公尺，碰到Stephanstraße右轉步行約44公尺後，即抵目的地｜⌛建議停留20分鐘｜http www.thelistener.de｜MAP P.14 / A6

「我們理應彼此對話，而不是孤寂對著坐望。」是The Listener的概念宣言。The Listener(聽眾家)聽見非主流群眾的對話，將質感設計引進商店，獨立時尚展示在各個架上，希望將經典設計傳送到客人手裡。概念店除了挑選優良的商品質量，更重視商品的原創設計理念。

在The Listener店內，甚至可以找到國際設計師聯合品牌創作的限量商品，喜歡有品質又追求與眾不同設計穿搭的旅客，「聽眾家」都聽到你們的聲音了！快來這裡挖寶吧！

**1.**The Listener個性門市 / **2.**The Listener內的書架上，也銷售大眾市面上較少見的設計書籍 / **3.**店內也引進北歐獨立設計師的包袋，或是烈酒GIN(琴酒) / **4.**店內販售許多特色商品

# 美食餐廳

沙龍咖啡館的小時光

## Bitter & Zart

Braubachstr. 14, 60311 Frankfurt am Main | +49 (0) 69 9686-9816 | 週一～六10:00～19:00，週日與節慶假日11:00～18:00 | €11～20 | 搭乘U4或U5號線至Dom / Römer，往西邊朝Römerberg前進，遇到Römerberg右轉前進，遇到Braubachstrss右轉走1分鐘，即抵達目的地 | 建議停留1小時 | www.bitterundzart.de | P.18 / A2

14號沙龍咖啡館，裝潢擁有既時髦又復古的巴黎味道。供應的甜點與咖啡是整條Braubachstrasse最美味的店。Bitter & Zart從巴黎引進茶葉與咖啡，也有自家手作巧克力飲品、手作家常花茶等等，另外還有特別的博士茶紅咖啡。

想享受悠閒時光，就來坐坐，搭配手作夢幻美味甜點：法式檸檬塔、綿滑巧克力塔、多種當季水果混搭起司口味的蛋糕，以及健康的紅蘿蔔蛋糕等等，坐在咖啡館外露天的小桌子，愜意的看著人來人往，這樣的日常，讓一天都美麗起來了。

別忘了也到隔壁的巧克力館逛逛，畢竟Bitter & Zart源起於手工巧克力的製作。這裡可以找到各種口味的巧克力，有松露、果香、烤可可豆、榛果與杏仁口味等等，讓咬下去的每一口巧克力，只濃你口，也甜在你心。

**1.**酸酸甜甜的綜合果莓塔，口感輕盈，非常清爽可口呀 / **2.**週末一位難求的沙龍咖啡館 / **3.**帶有淡淡輕香的博士茶咖啡，非常好喝 / **4.**沙龍咖啡店 / **5.**櫥窗永遠琳瑯滿目的手工巧克力館

(圖1、4、5圖片提供 / ©Bitter & Zart)

## 品嘗老奶奶的德式家庭甜點

# Naschmarkt am Dom

Domstraße 4, 60311 Frankfurt am Main｜+49 (0) 69 2727-9663｜週二～六10:00～19:00，週日11:00～19:00｜平均消費€5～15｜搭乘U4或5號線至Dom／Römer，往東邊Hühnermarkt出站，遇到Domplatz左轉，在第一個路口左轉直走接到Markt，全程約2分鐘｜建議停留1小時｜www.naschmarktamdom.de｜MAP P.18／A2

一家位於法蘭克福市中心的咖啡廳和輕食店，愛好烘焙細緻點心的店家主人，打造圍繞輕鬆又樂趣的典雅小天地，讓遊客在這裡舒適的品嘗店家老奶奶的德式家庭甜點。這裡提供手工巧克力、糖果、餅乾及法蘭克福特色蛋糕；肚子餓了也有輕食沙拉、手作三明治或湯品可以選擇。且店家主人非常喜愛餐桌文化，因此每年都從歐洲各地引進許各式特色餐具，這樣溫馨愉快的小憩空間，會讓人都捨不得離開。

1.店內餐具家飾商品／2.老奶奶的手作德式蛋糕／3.連當地人都愛來此享受偷閒的小片刻
(以上圖片提供／©Naschmarkt am Dom)

## 嚴選天然食材的手作麵包

# Brot und seine Freunde

Kornmarkt 5, 60311 Frankfurt am Main｜+49 (0) 69 874-096-249｜週一～五07:00～19:00，週六08:00～18:00，週日10:00～17:00｜平均消費€4～10｜搭乘S1～S6或S8～S9至Hauptwache，往西南方出站，於Katharinenpforte左轉直走接到Kornmarkt，目的地即在右手邊，約3分鐘路程｜建議停留30分鐘｜www.brotfreunde-catering.de｜MAP P.17／H2

麵包是德國人的主食之一，種類多達300種，連義大利人都驚呼德國麵包的多元化。Brot und seine Freunde堅持家族傳統，嚴選天然食材，用德國人對品質要求的標準與期待，堅持不含防腐劑與人造添加劑，日日反覆揉著麵團，新鮮出爐熱呼呼的手作麵包。店家除了出爐傳統黑裸麥發酵的德國黑麵包，也售有各種美味三明治；臘腸與火腿原料堅持使用義大利原產，新鮮的起司則來自法國。每日的午餐時刻，這間裝潢有些懷舊的手工麵包店，便是附近上班族喜愛光顧的一間輕食店。

1.懷舊溫馨的小店面／2.德國著名的酸種麵包，口感外硬內軟，香氣中帶點老麵的微酸口感

## Wacker's創始人最喜歡的分店推薦

玩家交流

Wacker's咖啡店至今在法蘭克福已有5家分店，我非常推薦在波恩區另外一間分店，位於該區相當熱鬧的Bergerstrasse。這棟已受歷史保護的古老建築早先是一間菸草店，席間雖只有15個座位，但歐式傳統的濃厚氛圍，讓人彷彿搭了時光機回到19世紀。天氣晴朗時，人們坐在露天座位，一邊飲著咖啡，放下手機，互相對話，享受這一小區的咖啡文化，這也是Wacker's創始人Luise Wacker最喜歡這間分店的原因之一。

波恩區的Wacker咖啡始祖店，別有另一番氣息

### 法蘭克福第一家咖啡店

# Wacker's Kaffee

Kornmarkt 9, 60313 Frankfurt am Main｜+49 (0) 69 287-810｜週一～五08:00～19:00，週六08:00～18:00｜平均消費€8～10｜搭乘S1～S6或S8～S9至Hauptwache，往西南邊An der Hauptwache出站，直走20公尺遇到Katharinenpforte左轉，一路直走接到Kornmarkt後，目的地即在右手邊｜建議停留20分鐘｜wackerskaffee.de｜MAP P.17／H2

在Kornmarkt街上的這間Wacker's咖啡小店是1955年即開始營業的創始店。以前這裡是銀行家與證券家啜飲咖啡的聚集地，也因此榮獲法蘭克福第一家咖啡店的榮譽。Wacker's自家烘培咖啡的歷史已有100年，新鮮烘培的咖啡豆，已在這百年間銷售至法蘭克福市大大小小許多商鋪。當來到創始店，新鮮磨豆的咖啡香味散溢在擁擠的小小店裡。歷史悠久的招牌，阻擋不了每日熱絡的人潮前來。就連附近工作的上班族，也會趁著休息時間，站在門口喝一杯Espresso後，再返回工作崗位；還有悠閒的人們，點著Cappuccino配著德式手工糕點，靜靜享受這慵懶午後。

喜歡Espresso濃厚香味的人士，推薦可以買一包Espresso 1號帶回家。這個帶點微酸、濃郁厚實果香的咖啡豆，深受不少當地人喜愛。

**1.**人潮不絕的Wacker's創始店／**2.**店內有相當多種咖啡豆可選購

## 這裡是文青一定要來的祕境
# Feinfrankfurt

Petersstraße 4-6, 60313 Frankfurt am Main｜週二～五10:30～22:00，週六～日12:00～22:00｜平均消費€3～10｜搭乘S1～S6或S8～S9至Konstablerwache，往西邊Große Friedberger Strasse方向出站，右轉進入Große Friedberger Strasse一路直走，接到Alte G.繼續直走到Petersstraße，目的地即在右手邊，全程約6分鐘｜建議停留30分鐘｜www.facebook.com/pg/feinfrankfurt｜MAP P.14／B5

Feinfrankfurt是一間遠離喧囂，在公園綠地營業的雅致咖啡店。據當地人說，這裡可是當地人心裡的世外桃源呢！Feinfrankfurt是從Trinkthalle改造的露天咖啡館，店家非常隨性的在公園旁擺放二手歐式家飾。如果每隔一段時間再來，會發現店家在裝飾的擺放上做一些小巧的變化，非常用心，是一間肯花心思經營的咖啡館。

店裡每日皆供應不同的手工蛋糕，偶爾會有針對素食者推出新鮮甜點與蛋糕。坐在這慵懶的咖啡館，望著微黃的檯燈、剝漆的老桌，也是一種愜意的享受。在天冷時，店家還會貼心準備毛毯讓顧客使用。因此與朋友在這聚會，喝杯咖啡或小酒，不知不覺好幾個鐘頭就過去了。

1.戶外的溫馨雅座／2.Fein咖啡小店是當地人心中的世外桃源

## 必吃的德式咖哩腸
# Best Worscht in Town

Zeil 104, 60313 Frankfurt am Main｜週一～三及週五11:00～21:00，週四、六10:00～21:00，週日11:00～18:00｜平均消費€5～10｜搭乘S1～S6或S8～S9至Hauptwache，往北邊Zeil出站，右轉直走Zeil約140公尺，即抵達目的地，全程約2分鐘｜建議停留20分鐘｜www.bestworschtintown.de｜MAP P.18／A1

來到法蘭克福，你一定要試試德式咖哩腸，這可說是德國極好吃的街邊小吃之一。而Best Worscht in Town是法蘭克福區域的連鎖店，最特別的是光咖哩醬就提供9種不同的選擇，喜歡吃辣的朋友，這裡提供A（小辣）到F（相當印度鬼椒）的辣度選擇。而德國人吃咖哩腸最愛搭配現炸薯條或是德式麵包。這樣簡單的德式街邊美食，是許多留學德國的學生返國後，非常懷念的美味之一啊！

1.采爾大道上的Best Worscht in Town／2.Combo套餐，能品嘗到咖哩腸、薯條、麵包、飲料，相當超值划算

有機飲食輕食吧

## Baltique Deli

Heiligkreuzgasse31,60313FrankfurtamMain｜+49 (0) 69 2724-3101｜週一～五09:00～23:00，週六10:00～23:00｜平均消費€10～20｜搭乘S1～S6或S8～S9至Konstablerwache，往東邊Porzellanhofstraße出站，直走Porzellanhofstraße遇到Heiligkreuzgasse右轉再直走29公尺，即抵目的地｜建議停留30分鐘｜baltique.de｜MAP P.14／B6

店家主人說，在一次波羅的海的摩托車之旅時，發現在當地如此精緻美味的薄餅為什麼從未在德國任何一個角落品嘗過？於是，主人就將這個可口又美味香脆的法式薄餅，帶進法蘭克福的一個靜巷內。而小輕食吧的對面即是法蘭克福的法院，每日吸引不少素食或是追求有機健康飲食的人士前往。

店家主人堅持用優質的蕎麥麵團，讓無麩質飲食者也可安心用餐。薄餅的內餡提供如魚類、德式著名香腸或是蔬食類的選擇，而香甜口味的薄餅更是飯後必須品嘗的甜點。輕食吧也不定時更換套餐組合，讓顧客不但吃的無厚重油脂負擔，還能吃得飽喔！

1.無負擔又精緻的美味薄餅 (圖片提供／© Baltique Deli)／2.歐洲人崇尚的有機飲食輕食吧／3.熱熱的現煎香脆薄餅，將巧克力香味展露無遺

# 波恩海姆區、奧斯坦德與諾登區
# Bornheim & Ostend & Nordend

波恩海姆區(Bornheim)在當地又被稱為快樂村(Lustige Dorf)。因為從19世紀開始，就吸引許多當地人在週末前往此區派對狂歡，現在，Bergerstraße這條貫穿波恩海姆區長長的街，仍是許多年輕人飲酒歡樂的大街，每年夏季還會有狂歡派對。此外，每個禮拜的週三與週六，在小鐘樓(Uhrtürmchen)這一側的街上會擺滿農夫市集的攤位。每到舒服的德國夏季，在諾登(Nordend)的公園(Günthersburgpark)，是小朋友與老年人的休憩遊樂場所。

# 熱門景點

## 貝特曼公園
Bethmannpark

**鬱鬱蔥蔥的美麗花世界**

Von-Bethmann-Park, 60316 Frankfurt am Main | +49 (0) 69 2113-0991 | 週一～五07:00～20:00，週六～日10:00～20:00 | 參觀免費 | 搭乘U4到Merianplatz，往西南Bergerstraße方向出站，直走約270公尺，目的地即在右手邊 | 建議停留20分鐘 | 進入官網，可先用google翻譯成中文，查詢景點、美食、交通卡等資訊 | www.frankfurt-tourismus.de | P.14 / C5

占地面積3公頃的貝特曼公園（Bethmannpark）在豔麗的歐洲綻放花朵。每到夏季，許多當地人喜愛來此曬日光浴與下巨大象棋。公園在18世紀時，原屬Bethmann家族，奇花異卉的花園景觀，自古就吸引國王佇足於此飽覽美景，因此自1976年就被法蘭克福納爲城市保護古蹟之一。

貝特曼公園裡面還有一個根據風水建造的中國花園（Chinesischer Garten），入門處的牌坊寫著「春花園」，園林裡有一軒亭，雖然面積不大，坐在亭裡望著小橋與池塘睡蓮吹著徐風、看著鴨兒嬉戲，好不愜意。據說園林的建造，是爲了紀念當年的天安門大屠殺事件，因此於1989年，也被稱爲「天安門花園」。可惜近日遭不明人士縱火，期待花園得重修與再度開放。

**1.**閒情逸致的老人們正在下一場巨大象棋 / **2.**花朵滿地盛開的夏季 / **3.**中國花園的古色古香大門

# 法蘭克福動物園
## Zoo Frankfurt

### 「溜」小孩的最佳去處

Bernhard-Grzimek-Allee 1, 60316 Frankfurt am Main｜+49 (0) 69 2123-3735｜夏季09:00～19:00，冬季09:00～17:00｜成人票€10，優惠票種€5，5歲以下兒童免費｜搭乘U6或U7號線，或電車14號至Zoo，出站即抵達目的地｜建議停留1小時｜www.zoo-frankfurt.de｜MAP P.15／E6

離大都會市中心不遠處的法蘭克福動物園，可說是城市的一大綠洲。全年無休的動物園育有超過450種不同的動物類科，園內可看見有雄赳赳的老虎、溫馴的海豹、可愛的水瀨、多種靈長類猿猴。神祕的水族館裡有大人小孩都愛的企鵝、海馬還有各式各樣的魚兒游來游去。進入爬行動物館有如走進叢林探險般，有兇猛的鱷魚、還有千歲海龜與各類爬行性動物。動物園也與當地動物和平共處，尤其前館長Bernhard Grzimek博士致力於動物的保育，可在館內參觀當年他與團隊飛往非洲的大紀事與交通工具，可說是法蘭克福非常寓教於樂的旅遊景點。

**1.**法蘭克福動物園大門口／**2.**動物園售票處

### 當地人鍾愛的夏日露天劇院場

玩家交流

每一年夏天7月底~8月初，公園都會舉行為期4星期的Stalburg露天劇院表演。表演於每日的18:00開始，20:00結束，活動免費入場。活動類型有：現場音樂會、朗誦、閱讀或是戲劇演出。

活動廣場旁邊售有手工精釀啤酒及德式輕食，許多當地民眾就席草地而坐，與朋友在夜晚喝杯小酒，聯繫情感。當地人非常享受這樣的短暫又愜意的夏日盛會。

**1.**許多當地民眾與遊客欣賞Stalburg露天演唱會的情景／**2.**隨性鋪個野餐墊，一邊聽音樂一邊與好友們享受夏日時光／**3.**旁邊的露天攤位販售有德式輕食與手工精釀啤酒

# 君特斯堡公園
## Günthersburgpark

**法蘭人夏日的歡樂公園**

Comeniusstraße, 60389 Frankfurt am Main｜+49 (0) 69 2123-0208｜全年開放｜參觀免費｜搭乘12號電車(從Konstablerwache出站，到C&A前面的公車站搭乘)，坐到Günthersburgpark下車，即抵目的地｜建議停留40分鐘｜進入官網，可先用google翻譯成中文，查詢景點、美食、交通卡等資訊｜www.frankfurt-tourismus.de｜P.15／E1

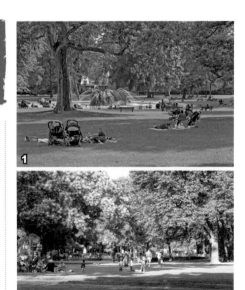

位在法蘭克福諾登區(Nordend)的君特斯堡公園(Günthersburgpark)，有著孩子可玩耍的噴泉與各式遊樂設施。因此，當漫長冬日終於結束，法蘭人歡欣期待的夏季終於到來時，許多家長非常喜愛帶小朋友來這綠色盎然的公園游泳與嬉戲、年輕人喜歡帶著野餐墊席地而坐，而老人愜意沿著廣大的公園綠地散步，累了就在公園躺椅歇會，就是歐洲人夏日的日常。

**1.**在公園盡情享受夏天的當地民眾 (圖片提供／© Frankfurt Tourist+Congress Board, Photo: Holger Ullmann)／**2.**公園內還有遊樂設施可供小朋友玩耍

# 對話博物館
## Dialog Museum Frankfurt
### 體驗盲人世界的生活

Hanauer Landstraße 145, 60314 Frankfurt am Main | +49 (0) 69 9043-2144 | 週二～五09:00～17:00，週六11:00～19:00，週日與公眾假日11:00～18:00 | 成人票€16，優惠票種€11，13歲以下兒童€8 | 搭乘U6至Frankfurt (Main) Ostbahnhof，往西南邊Grusonstraße / B3方向出站，Ferdinand-Happ-Straße右轉直走約160公尺，遇到Hanauer Landstraße左轉繼續步行約450公尺，即抵達目的地。或是搭乘11號電車至Ostbahnhof，下車對面即是目的地 | 建議停留1小時 | dialogmuseum.de | P.19 / H1

在完全漆黑的密閉空間裡，用肢體觸碰與聽覺來激活你的感覺神經。對話博物館(Dialog Museum)的宗旨就是關懷視障人士議題，假想當你生活在這個花花世界，自己有一日突然變成視障人士，當看不到對方的膚色、外表、年齡、性別時，你們的對話會激發出什麼火花呢？博物館以此理念成為一社會學習的場所。

導覽之前，導覽員會先發給每位參與民眾一根視障用拐杖，步入漆黑的房間之後，大家開始都會緊張與慌亂，接著大聲問：「我在哪？這是什麼？我碰到什麼了？我聽到了有人倒抽一大口氣。」等等在不知所措的情況下的求救訊號與對話。博物館希望透過這樣的導覽平台及體驗方式，讓現代人學習如何去尊重視障族群，才能進一步理解、關懷，進而擁有同理心，與盲人對話，真的是一個非常有趣的社會議題博物館。

**1.**準備參加對話博物館導覽的遊客 (圖片提供 / © Dialog Museum, Photo: Stephanie Keßler) / **2.**進入漆黑空間前的導覽說明 (圖片提供 / © Dialog Museum, Photo: Jürgen Röhrscheidt)

**旅行小抄**

**務必提前預約導覽**

如果有興趣體驗對話博物館的旅客，必須先撥打資訊欄的電話提前預約，也可以詢問英文導覽唷！

## Bergerstraße夏日狂歡盛宴

玩家交流

在派對不停歇的Bergerstraße，每年夏日有一個相當著名的Bernemer Kerb嘉年華，屬於法蘭克福古老傳統的派對嘉年華之一，從1608年至今有400多年的歷史。Bernemer Kerb於每年8月的第二個週日展開，為期約6天，從Bornheimer Johanniskirche旁的廣場響起震耳欲聾的現場音樂，沿街酒吧一起歡盛，而Bernemer Kerb的大人物們在大街小巷與行人寒暄喝一杯酒。下午時段，會舉辦一個古老傳統的打破沙鍋(Dippe)遊戲，誰能把沙鍋擊破，就能把一隻活生生的雞帶回家，是非常有趣的古老傳統嘉年華。

**1.**小區居民都滿心期待的Bernemer Kerb嘉年華 / **2.**Bernemer Kerb的大人物(著紅外套為會長，飾演當年的市長)

# 波恩海姆農夫市集
## Wochenmarkt Bornheim

### 當地人的傳統市場

Bergerstraße 194, 60385 Frankfurt am Main | 週三08:00～18:00，週六08:00～16:00 | 免費入場，消費視個人而異 | 搭乘U4到Bornheim Mitte，往西南Bergerstraße方向出站，即抵目的地 | 建議停留30分鐘 | frankfurt-berger-strasse.de(選擇maerkte-feste→bornheimer-wochenmarkt) | MAP P.15 / F3

歷史悠久的市集，從1980年就開始擺攤，長長一條街的波恩海姆農夫市集(Wochenmarkt Bornheim)，從Saalburgstraße到歷史鐘樓(Uhrtürmchen)，每到週三與週六，就變成當地人偶爾飲葡萄酒、購買新鮮蔬果與肉類的聚集地。

**1.**每週都熙來攘往的農夫市集 / **2.**德國生產的一等品級馬鈴薯 / **3.**大人小孩都愛的有機好農食品

# 逛街購物

## 喜愛戶外體驗的人來這尋寶

## Globetrotter Erlebnisfiliale

✉Grusonstraße 2, 60314 Frankfurt am Main | ☎+49 (0) 69 6660-8880 | ⌚週一～六10:00～20:00 | $免費入館，消費視個人而異 | ➡搭乘U6號線至Frankfurt (Main) Ostbahnhof，往東北邊Grusonstraße出站直走，即抵目的地，全程約2分鐘 | ⌛建議停留30分鐘 | http www.globetrotter.de | MAP P.19 / F2

戶外登山露營漸漸成爲現代人的週末休閒活動，法蘭克福這間Globetrotter Erlebnisfiliale占有4,000平方公尺的5層樓戶外用品店，上百種的戶外用具品牌，從防風外衣套、登山靴鞋、野外露營行動鍋具、帳篷等等，應有盡有。4樓設有暢貨中心，若需購買登山鞋的遊客，甚至還可以在館內試體驗，在不同的石頭山路與高度的模型攀爬，以及兒童攀岩體驗。此外，歐洲很盛行朝聖之路(Pilgrims' Way)的健行登山路線，館內也提供配備諮詢建議，建議喜愛戶外體驗的遊客可以來這尋寶。

**1.**偌大的館內，應有盡有 / **2.**專業登山衣著區
(以上圖片提供 / © Globetrotter Erlebnisfiliale)

## 當地人最愛去的黑森購物中心

## Hessen Zentrum

✉Borsigallee 26, 60388 Frankfurt am Main | ☎+49 (0) 6109 733630 | ⌚週一～六09:30～20:00 | $免費入館，消費視個人而異 | ➡搭乘U4或U7至Hessen-Center，出地鐵站即是目的地 | ⌛建議停留30分鐘 | http www.hessen-center-frankfurt.de | MAP P.11

位處市郊奧斯坦德區的黑森購物中心爲法蘭克福五大購物中心之一。38,000平方公尺的商場共有3層樓的購物街，總計有115間商店。如Kaufhof與Peek & Cloppenburg等大型連鎖百貨公司、國際與德國時尚精品、服飾店，以及德國超市Rewe。營業許久的黑森購物中心外觀建築雖較爲老舊，但仍是許多老一輩法蘭克福人常去的商場，因爲商場附近偶有農夫市集，也是當地老顧客喜愛購買各種新鮮農蔬果菜等的好去處。

**1.**黑森購物中心正門 / **2.**黑森購物中心內部廣場

### 香濃手工巧克力

## Michis Schokoatelier

Sandweg 60, 60316 Frankfurt am Main｜+49 (0) 69 408-980-66｜週二～五11:00～19:00，週六10:00～16:00｜平均消費€5～15｜搭乘U4號線至Merianplatz，往東北邊Bergerstraße朝Kantstraße方向出站，右轉入Kantstraße，遇Sandweg左轉，即抵目的地，全程約3分鐘｜建議停留15分鐘｜www.michis-schokoatelier.de｜MAP P.14 / D5

推開店門的瞬間，立即有濃濃巧克力香撲鼻而來。進去巧緻的店面後，你會發現，摩卡色的木地板、焦糖的顏色牆壁，完全呼應巧克力主題。店的中間有一座白色中島櫃，櫥窗內擺著大廚Michis手作的松露巧克力。

這間精巧古典的巧克力手工店，就位在Sandweg的巷弄間。果仁球(Pralinen)是店內的招牌巧克力，有各種口味的內餡；松露原味、香檳松露、羅勒口味、各式堅果仁等等，以及法蘭克福當地特色造型的巧克力，這是一間非常有特色的歐式風味小店。

**1.**甜點主廚Michis／**2.**招牌果仁球(Pralinen)
(以上圖片提供／© Michi Schokoatelier)

#### 旅行小抄

**體驗手作巧克力**

Michis Schokoatelier另有手工巧克力的體驗工作坊，在官網的Seminar點擊選頁，可以挑選自己喜歡的課程與時間，事先預約，有空不妨來體驗歐洲手作巧克力的工作坊，也是種知性的旅遊方式。

### 深受皇室家族青睞的香腸老店

## Gref-Völsings

Hanauer Landstraße 132, 60314 Frankfurt am Main｜+49 (0) 69 433-530｜週一07:00～14:00，週二～五07:00～18:00，週六07:00～13:00｜平均消費€5～10｜搭乘11號電車至Osthafenplatz，往Launhardtstraße方向直走1分鐘，即抵目的地｜建議停留20分鐘｜www.gref-voelsings.de｜MAP P.19 / G2

老字號法蘭克福牛肉香腸店Gref-Völsings，是Karl Gref與妻子自1894年起，一起在此經營的第一家肉鋪。店裡販售的純牛肉香腸，曾於20世紀初得過4次烹飪藝術金牌獎，如此受到肯定的烹廚品質，廣受當地人與皇室家族喜愛。如今家族承襲傳統家業，依然是當地人最喜愛的法蘭克福香腸老店。時至用餐時間，店內店外時常大排長龍。

旅客除了可在這裡購買真空包裝的香腸伴手禮，亦可在店內享用現煮的香腸或者是當日特餐。推薦旅客可以點一牛肉香腸，向店員告知去腸衣皮，再點一杯店家精心熬煮香腸後的清湯，體驗一下當地美味的即食風味小吃。

**1.**經典藍色商標Gref-Völsings的法蘭克福肉鋪／**2.**百年經典的純牛肉香腸／**3.**購買人潮不斷

# 美食餐廳

## 健康無麩質的手工冰淇淋

## Schweiger's Mint

Bergerstraße 36, 60316 Frankfurt am Main | +49 (0) 69 8484-4211 | 週一～五11:00～22:00，週六10:00～22:00，週日12:00～22:00 | 平均消費€2～5 | 搭乘U4號線至Merianplatz，往西南邊Bergerstraße朝Herderstraße方向出站直走50公尺，即抵目的地，全程約1分鐘 | 建議停留10分鐘 | www.facebook.com/SchweigersMint | P.14 / D5

一年四季都喜愛吃冰的德國人，冰淇淋店在法蘭克福可說是處處可見。在波恩海姆區的Mint，有一間很友善的冰淇淋店，提供了全素與無麩質的手工冰淇淋。老闆承襲家族所傳下的冰淇淋店，用心嚴選優質原料，堅持手工製作每一種口味的冰淇淋。數十種的口味，巧克力、水果或香草是人人皆愛，且口口香濃而不甜膩；店內另提供奶昔、各式蛋糕、咖啡等等。

純素又無麩質的酸甜芒果冰淇淋，真是清爽好滋味呀

## 平價印度菜吃到飽

## Taste of India

Bergerstraße 14, 60316 Frankfurt am Main | +49 (0) 69 9043-0222 | 週一～日11:00～23:00 | 平均消費€8～12 | 搭乘U4號線至Merianplatz，往西南邊Bergerstraße朝Herderstraße方向出站直走30公尺，即抵目的地，全程約1分鐘 | 建議停留30分鐘 | www.tasteof-india.de | P.14 / C5

位在Bergerstraße的Taste of India，是附近家喻戶曉的平價印度菜，有全素或是葷食的供餐選項，尤其是午餐時刻，提供€10有找的多樣印度菜吃到飽，許多學生下課後，呼朋引伴一起來大快朵頤一頓印度午餐。以印度香料醃製，精心烹調的燉雞肉料理，口感軟爛，香氣十足。對精打細算的遊客來說，這裡絕對是品嘗平價又地道印度菜的首選。

**1.**各式可口的印度料理，都可品嘗好幾回啊／**2.**Taste of India餐廳不大，夏天時坐在外面用餐很舒服

飽足歐式早午餐

## Harvey's

Bornheimer Landstraße 64, 60316 Frankfurt am Main | +49 (0) 69 4800-4878 | 週一～五09:00～01:00，週六09:00～02:00，週日09:00～00:00 | 平均消費€8～16 | 搭乘U4號線至Merianplatz，往西北邊Elkenbachstraße方向出站，直走Merianstraße，右轉進入Feststraße，遇到Bornheimer Landstraße左轉即抵目的地，全程約5分鐘 | 建議停留30分鐘 | harveys-ffm.de | P.14 / C4

Harvey's在白天時，是附近民眾享用早午餐的好去處；傍晚開始，尤其週五下班後的夜晚，人們喜愛在這逗留閒聊飲個小酒。Harvey's的豐盛早午餐，供應時間爲10:00～16:00，豐富多樣的選擇，讓你看到菜單，都會覺得自己有選擇困難症呀！有熱騰騰現做的鬆餅、自家製作的新鮮各式起司，或是其他週間精選菜單，讓你吃到撐著肚皮，大喊滿足！

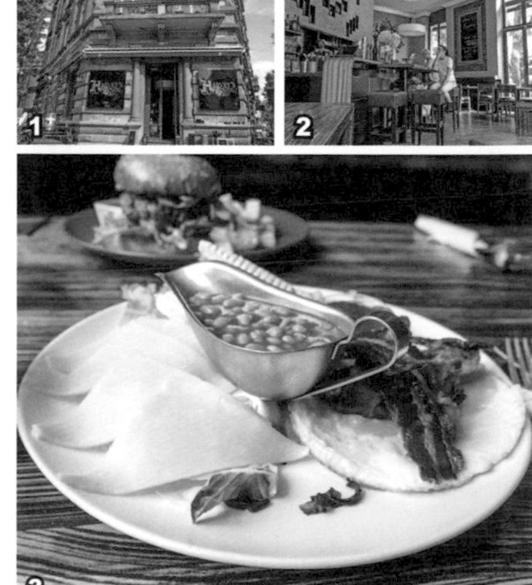

**1.**Harvey's是一棟歐式老房的餐廳 / **2.**餐廳內部相當寬敞，氣氛佳 / **3.**活力早午餐，隨餐附各式可口歐式麵包，相當飽足呀

美麗人生義式餐廳

## Das Leben ist Schön

Hanauer Landstraße 198, 60314 Frankfurt am Main | +49 (0) 69 430-578-70 | 週一～六11:30～23:00，週日12:00～23:00 | 平均消費€5～20 | 搭乘11號電車至Schwedlerstraße，往Union-Gelände方向直走2分鐘，即抵目的地 | 建議停留30分鐘 | www.daslebenistschoen.de | P.19 / H1

義大利人對「美食」與「生活」的講究，從茱莉亞．羅勃茲的電影《享受吧，一個人的旅行》就可明白。在日常生活已失去當初味蕾該有的五感味覺，她獨自前訪義大利，連一盤簡單可口的義大利麵，也能喚回生命中遺失已久的味覺感動。

位在盲人博物館附近的Das Leben ist Schön(美麗人生義式餐廳)，就是希望將這份義式美食情懷帶進法蘭克福，挑起每個人對味蕾的感動。店內牆壁掛滿的各式電影懷舊劇照，邀請大夥愉快地享用美味的地中海菜色。是說，美麗人生，就如此簡單。

**1.**溫馨的室內用餐環境 / **2.**享受夏日露天用餐好時光
(以上圖片提供 / © Das Leben ist Schön)

# 博肯海姆區、韋斯藤德區
# Bockenheim & Westend

博肯海姆區(Bockenheim)與韋斯藤德區(Westend)無庸置疑是法蘭克福最廣受歡迎的居住區。鄰近相靠的兩區，韋斯藤德區居住著銀行家或外交官，優雅又富麗堂皇的歐式別墅住宅區，是當地的富人區。而該市人稠密度第三大的博肯海姆區，則是多元文化融合的學生住宅區，這裡是鄰近歌德大學該校區的學生生活與活動的範圍，或是外地來此工作人士的居住區。

# 熱門景點

## 蓬頭彼得博物館
Struwwelpeter Museum

### 德國經典兒童繪本博物館

Schubertstr. 20, 60325 Frankfurt am Main | +49 (0) 69 7479-69 | 週二～日10:00～17:00 | 成人票€4，優惠票種€2，7歲以下兒童免費 | 搭乘U4～U6號2到Bockenheimer Warte，往Bockenheimer Landstraße直走約400公尺後，遇到Beethovenstraße右轉，繼續直走200公尺後，在Schubertstraße右轉，再步行約88公尺，即抵目的地 | 建議停留25分鐘 | www.struwwelpeter-museum.de | MAP P.12 / D6

《蓬蓬頭彼得》是德國孩子最鍾愛的童話書。若以我們的教育方式來看，會覺得該書作者，海因里希．霍夫曼(Heinrich Hoffmann，1809～1894)的手繪漫畫書充滿黑色詼諧的幽默，但也希望透過這樣的故事與詼諧的手法，引導孩子能夠養成良好的行爲習慣。該書自19世紀以來，已被翻譯30多種語言，成爲聞名世界的童話書。

作者海因里希·霍夫曼(Heinrich Hoffmann)原本是一位全科醫生，後來擔任法蘭克福癲癇機構的所長，同時也是心理學博士，繪本的最初只是霍夫曼畫給自己的兒子當作生日禮物，嚇嚇調皮孩子的故事書，沒想到就此成爲德國家喻戶曉的經典童話書。

小巧迷人的博物館，主要是以蓬蓬頭彼得爲主題，並展示作者的手繪稿及相關遺物。每週一於館內，還有上演木偶劇，讓人感受兒童文學的趣味魅力。

**1.**紅色外牆博物館正門／**2.**被翻譯成英文、西班牙文、俄文、中文等等世界語言的《蓬蓬頭彼得》／**3.**被妥善保存的作者手稿

# 棕櫚園
## Palmengarten
### 德國最大的植物園

Siesmayerstraße 61, 60323 Frankfurt am Main ｜ +49 (0) 69 2123-6689 ｜ 2～10月：週一～日09:00～18:00，11～1月：週一～日09:00～16:00 ｜ 成人票€7，優惠票種€3，6～13歲兒童€2，殘障人士免費 ｜ 搭乘U4～U6號2到Bockenheimer Warte出站，往西南方直走Bockenheimer Landstraße約650公尺，遇到Siesmayerstraße左轉，繼續直走約350公尺，即抵目的地 ｜ 建議停留1小時 ｜ www.palmengarten.de ｜ MAP P.12／C4

「植物(Pflanzen)、生活(Leben)、文化(Kultur)」自1997年開始就是棕櫚園一直關心的主旨。歷經超過140年歷史動盪，經過不斷修復與擴增，如今規模達20公頃。走進園區後，首先以1905年建造的溫室，歡迎遊客的造訪，園區內有多達16種的主題花園，以及高挑落地的玻璃溫室供遊客漫步欣賞。出眾的Haus Leonhardsbrunn花園，有在晚夏盛開美不勝收的大麗菊，毗鄰於此有一個大遊樂場，小朋友可以打迷你高爾夫、玩水等等，氣候佳時，遊客還可在園內踩船與坐小火車遊園。

園內著名的亞熱帶風情棕櫚館，是歐洲最大的亞熱帶植物館，遊客可以欣賞巨型灌木，尤以巨花魔芋(Titanemwurz)開花時，吸引許多植物迷前往欣賞。其他尚有樹蕨與形形色色的仙人掌，營造出鬱鬱蔥蔥的熱帶景觀，園內也經常舉辦各種花藝展覽與植物相關的知識展。

此外，在舒服的夏季夜晚裡，這座美麗綻放的典雅花園，經常在露天劇院舉辦小型歌劇、古典樂演奏，爵士樂或是藍調音樂等各種藝文活動。

**1.**棕櫚園入口處／**2.**夏日經常舉辦藝文活動的露天表演廳／**3.**開花時可高達3公尺高的巨花魔芋／**4.**可愛小巧的遊園火車／**5.**園區內踩船設施

## 皇族們的奢侈消遣

玩家交流

19世紀，皇室貴族與公爵們的喜好就是在四處旅行時，把各式各樣花卉納入自己的花室作為收藏品。這在當時是一項非常奢侈的消遣。而棕櫚園在19世紀初時，因為公爵Nasau戰敗後面臨經濟危機，必須變賣出售他稀藏超過200種植物的花園，花園稱作Biebricher Wintergärten。透過花園建築師Heinrich Siesmayer的協調，花園委員會最終向公爵以60,000黃金買下。這是棕櫚園最早的歷史由來。

沒有Siesmayer做中介，就沒有今日的棕櫚園

# 普爾希大樓

**Poelzig-Bau / Campus Westend**

**納粹黨曾經製造毒氣的地方**

Norbert-Wollheim-Platz 1, 60323 Frankfurt am Main | +49 (0) 69 7987-980 | 全年開放 | 校園參觀免費 | 搭乘U1～U3或U8至Miquel- / Adickesallee，往南邊Eschersheimer Landstraße方向直走約350公尺，遇到Bremer Straße右轉直走約190公尺，接著沿著Gisèle-Freund-Platz繼續步行約400公尺，即抵達目的地 | 建議停留20分鐘 | www.goethe-university-frankfurt.de | P.13 / F3

今日官方名稱為普爾希大樓(Poelzig-Bau)的建築，是1928～1931年間，由德國建築師Han Poelzig，以20世紀新即物主義理念所設計的摩登建築物，以石頭與鋼鐵為主要建材。後來成為20世紀初德國化工巨頭，成為法本公司的總部(德語：I.G.-Farben-Haus)。當年法本化工在這座建築裡從事染料、醫藥、鎂、潤滑油、炸藥和甲醇的生產，所以納粹以此之便，在此製造毒氣瓦斯與作為各地瓦斯製造的指揮中心，以謀殺數百萬集中營的囚犯。

二次大戰結束後，大樓成為美國陸軍第五軍團和第三裝甲師的總部，1995年美國陸軍將法本公司大樓移交給德國政府。最後於2001年，這棟擁有驚人駭世背景的建築，變為法蘭克福大學韋斯藤德區的主建築，該校區主要為藝術與人文學科等學院。

**1.**普爾希大樓全景風貌 (圖片提供 / © Photo: Eva Kröcher) / **2.**冷冽理性的大樓入口處 (圖片提供 / © Photo: Adornix)

# 德國聯邦銀行貨幣博物館
## Geldmuseum der Deutschen Bundesbank

### 了解自古至今貨幣歷史

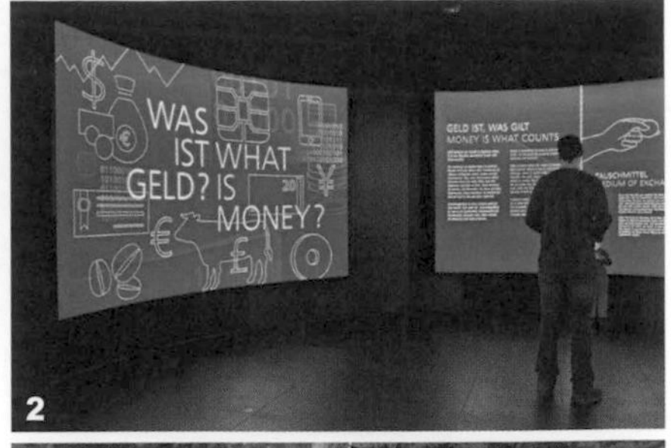

✉Wilhelm-Epstein-Straße 14, 60431 Frankfurt am Main｜☎+49 (0) 69 2123-6689｜🕒週一、二、四、五與週日09:00～17:00，週三09:00～20:00｜休國定假日｜$參觀免費｜➡搭乘U1～U3或U8至Dornbusch，往西南方直走Am Dornbusch約550公尺，遇到Wilhelm-Epstein-Straße稍向左轉，繼續直走約220公尺，即抵目的地｜⌛建議停留30分鐘｜http www.bundesbank.de｜MAP P.12 / C1

在科技發達的今日，我們越來越少在生活上使用現金交易；人人透過一張信用卡或手機數位輕鬆支付，在方便快捷的支付條例下，我們會不會忘記貨幣的握在手中的溫度？會不會在看不到實體金錢時，而過度揮霍自身開銷？

在德國聯邦銀行博物館(Geldmuseum der Deutschen Bundesbank)裡，我們可以認識貨幣最初的樣貌，以及由古至今的各種貨幣，如硬幣、紙鈔等形式的演變，並且了解什麼是國際匯率？為什麼國家與國家間要有匯率的換算？以及在通貨膨脹的今日，透過博物館提供歷史案例，明白通貨膨脹的含義與危機，讓世人了解貨幣的價值與歷史。

**1.**關於現金的歷史介紹／**2.**入口處先了解什麼是貨幣／**3.**西元前44年發行的古金幣的複製品

## 再次大喊青春無敵

玩家交流

在A-viva當地語言學校就讀的這個夏日，我們時常進行跨文化的交流，透過知識和情感的傳遞，讓我在抵達德國後，感受從未有過的快樂時光。尤其是素昧平生的同學，雖然有些年齡層跨越約兩個世代這麼大，但我們卻沒有溝通的隔閡，反而在這裡彼此卸下了羞澀，有如家人般的互相照顧與體驗生活。

除了用德文交流之外，其間我們還會交流俄文、西班牙文與義大利文等等。有一次，在語言課結束後，來自世界村的我們，先一起前往歌德大學餐廳用餐，接著在學校草地上進行文化交流。透過這樣的方式，也讓我們彼此更加深入了解不同國家的文化風情。

學校課後的活動，跳出生澀又密密麻麻的歷史課本，我們走在歷史縱線上，感覺就像在閱讀《權力的遊戲》腳本。還記得第一次與語言學校課後出遊，學校帶我們前往法蘭克福周邊的中世紀城市赫斯特（Höchst），由當地的城市導覽員向我們深度解說當地的歷史背景；還有一次，與語言學校的同學，週末一起探訪州府威斯巴登（Wiesbaden），解說員帶我們了解老城市規畫的概念。種種的活動參與令我真切的感受到，原來中世紀的城市果真如劇本般真實。

還有一晚，我們參加了歌德大學的法式舞會，一起隨著法式搖滾跳舞搖擺，夜深了，舞會結束後，大家彼此照顧，至每個人皆安全返家。

學校的活動十分多元，從認識博物館、健行爬山、團隊龍舟、探訪周邊城市、露天電影院或歌劇、舞會或聖誕晚會等等，每一項活動參與都讓我血液熱活了起來，感覺年少時光又回來跟我說Hello！

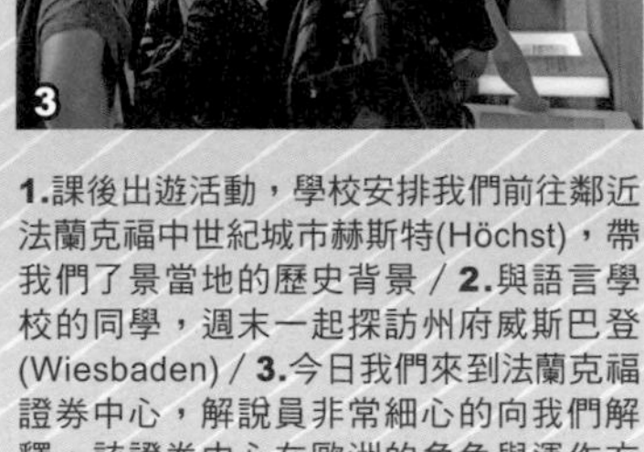

**1.**課後出遊活動，學校安排我們前往鄰近法蘭克福中世紀城市赫斯特(Höchst)，帶我們了景當地的歷史背景／**2.**與語言學校的同學，週末一起探訪州府威斯巴登(Wiesbaden)／**3.**今日我們來到法蘭克福證券中心，解說員非常細心的向我們解釋，該證券中心在歐洲的角色與運作方式／**4.**語言課結束後，同學們在草地上進行文化交流

‧深‧度‧特‧寫‧

# 體驗悠閒生活放慢玩

極度推薦想邊旅遊邊體驗異國生活的旅行家，給自己約兩個月的時間，放慢自己的人生腳步，去細細體會驗當地生活。建議選擇一間當地的語言學校，學習當地德文。通常最初階的德文，約兩個月的學習時間，隨堂課程最後，還會有免費的歌德許可認證德文檢定考，一來可驕傲的帶著「德文檢定證書」回家；再來，透過在語言學校的學生互相交流，會更深度了解許多在自己舒適圈從未關心過的世界大小議題喔！

更重要的是離開了長久以來的舒適圈，可以一個人學習在異地獨立生活；譬如學習如何烹飪當地食材、學習尊重與了解不同文化背景的室友、尋找哪裡可以啜飲一杯好咖啡、慢慢逛著一間又一間的知名博物館、發掘一間又一間當地特色小店、與新朋友在美茵河畔綠草地一起野餐、週末探索其他美麗城市；放慢步調，細細感受周邊的一切，體會快樂的每一分！

**1.**學校會不定期舉辦BBQ派對，一來在花園採收豐盛果實，二來學生老師們互相聊天或打打排球，非常愜意 / **2.**街頭節慶日的義賣活動

# 逛街購物

## 黑森邦特色商品小鋪
## Hessen Shop Bockenheim

Leipziger Straße 49, 60487 Frankfurt am Main | +49 (0) 69 913-181-49 | 週一～五10:00～19:00，週六10:00～18:00 | 平均消費€10～20 | 搭乘U6或U7至Leipziger Straße，往西北方Markgrafenstraße方向出地鐵站，直走5公尺即抵目的地，全程約1分鐘 | 建議停留15分鐘 | www.hessen-shop.com | MAP P.12 / A4

想找黑森邦特色商品當作伴手禮嗎？Hessenshop販售所有當地的產品，譬如蘋果酒禮盒組、法蘭克福香腸罐頭、黑森邦獨特的綠醬等。這裡還售有當地紀念衣服以及盛蘋果酒Bembel大肚壺，非常有特色，商品應有盡有。商店還有販售法蘭克福的報紙特刊「Frankfurt du bist so wunderbar」，定期報導當地特色商店與最新藝文動態消息，也相當推薦遊客閱讀。

1.店內售有法蘭克福經典禮盒組；有蘋果酒、大肚壺等 (圖片提供 / © Hessenshop) / 2.位在博肯海姆區的Hessen Shop

## 烹飪屬於自己的創意料理
## Kochhaus Bockenheim

Leipziger Straße 43, 60487 Frankfurt am Main | 週一～六10:00～21:00 | 消費視個人而異 | 搭乘U6或U7至Leipziger Straße，往Rohmer-straße方向出地鐵站，即抵目的地，全程約1分鐘 | 建議停留15分鐘 | www.kochhaus.de | MAP P.12 / A4

Kochhaus是間販售烹飪食材的小店，店家精選多項茶米油鹽醬醋，提倡生活與美食的結合，也提供多種創意食譜。在腳步快速的都市生活，是否想為自己細心烹煮一道晚餐；抑或是邀請三五好友光臨，在週末的夜晚，記錄一段旅外時光。Kochhaus Bockenheim提供在外

1.Kochhaus Bockenheim / 2.簡易印度菜食譜套餐介紹

學子、都市單身漢或現代小家庭，一本本異國料理食譜的SOP美食手冊，就算疏於烹飪，也能漸漸在家裡的廚房獨當一面。在明亮開放式的舒適店裡，慢慢挑選自己喜愛的食材、調味料與廚房用具，愉悅的回到家烹煮美味的一餐。或是可以於網上報名烹飪課程，挑選自己愛的菜單，一邊與大廚學習異國料理，一邊記錄美好的旅遊故事。

歐洲最大的時尚商城

## Zalando Outlet

Leipziger Straße 41-42, 60487 Frankfurt am Main｜+0800 330-0996｜週一～六10:00～20:00｜免費入館，消費視個人而異｜搭乘U6或U7至Leipziger Straße，往Rohmerstraße方向出地鐵站，即抵目的地，全程約1分鐘｜建議停留30分鐘｜www.zalando-outlet.de｜MAP P.12／A4

Zalando暢貨中心位在博肯海姆區著名的萊比錫大街(Leipziger Straße)，由於該區都是學生與年輕人活動的場所，因此Zalando這個歐洲最大時尚電商將暢貨中心開設在此區，這裡販售過季的上衣、褲子、運動系列衣服或是各式鞋款，是許多學生或年輕人享受輕時尚又想省荷包時，會來逛街的暢貨中心。儘管沒有H&M或ZARA微時尚服飾店，Zalando在這裡駐點也讓博肯海姆的學生區有自己的時尚小天地。

1.店內提供免費的無線網路，逛累了，就來休息區坐坐吧／2.熙來攘往的Zalando暢貨中心／3.一排排各種尺寸的男運動鞋或休閒鞋，可供試穿

# 美食餐廳

## 土耳其風味菜

# Taxim Döner Kebap Haus

✉Leipziger Straße 32, 60487 Frankfurt am Main ｜ ☎+49 (0) 69 260-181-48 ｜ 🕒週一～六10:00～23:00，週日11:00～22:00 ｜ $平均消費€2～12 ｜ ➡搭乘U6或U7至Leipziger Straße，往Am Weingartem方向出站，直走Leipziger Straße約180公尺即抵目的地，全程約2分鐘 ｜ ⌛建議停留25分鐘 ｜ http palu-grill.de ｜ MAP P.12 / A4

德國有相當多土耳其人移民至此，因此在大街小巷都一定都看的到Kebap土耳其風味小店，也算是這裡的街邊隨手小吃。這間位於學生區的Taxim Doener Kebap Haus，分左右兩邊的供餐區，左邊提供土耳其烤肉風味餐，右邊有大嬸現做的土耳其傳統餡餅(Gözleme)，又位在學生活動的區域，價位相當平易近人，口味也非常道地。

1.新鮮現場製作的Gözleme，非常美味 / 2.家喻戶曉的土耳其烤肉Kebap風味餐

# 薩克豪森區及法蘭克福南邊

## Sachsenhausen & der Süden

以充滿活力的夜生活聞名的薩克豪森區，是法蘭克福人口居住最多的區域。二次大戰後，法蘭克福老城區近幾夷為平地，然而薩克豪森區卻倖存下來，因此該區仍保有許多歷史悠久的建築。尤其是河畔的博物館堤岸，每年博物館堤岸節會吸引許多遊客前來；河畔也是當地人愛逛的跳蚤市場。在薩克豪森區的主要大道Schweizer Straße，有多家當地聞名的蘋果酒莊園餐廳，還有年輕人狂歡的酒吧街。種種魅力，都是許多人造訪此區的原因。

# 法蘭克福城市森林
Stadtwald

## 到城市綠肺吸取芬多精

✉Oberschweinstiegschneise, 60598 Frankfurt am Main｜🕘全年開放｜$參觀免費｜➡從Frankfurt Südbahnhof搭乘48號公車至Goetheturm，往森林方向直走約50公尺，即抵目的地｜⌛建議停留1小時｜MAP P.11

這座占地5,785公頃的森林，是法蘭克福綠化環的其中一部分，因此可以想像，法蘭克福市相當用心致力於綠化休憩空間，希望提供市民舒適的生活環境。整座森林遠至奧芬巴赫(Offenbach)，貫穿薩克豪森區的森林區，有一座43公尺高的歌德塔(Goetheturm)，遊客可在至高點眺望整座法蘭克福市，一望無際的天際線，與在市區的高樓大廈觀賞城市的感受相當不同。

森林裡還有一座Stadtwaldhaus森林遊客中心，旅客可以在此深度了解森林的各種資訊。長達450公里的城市綠肺，能夠散步、騎鐵馬、慢跑與爬山，遊客可以放鬆地與大自然來一場森林約會。

在偌大的休閒空間，更少不了給小朋友的遊樂設施；而冬天結冰的湖泊上，還可以玩一場冰上曲棍球，森林在一年四季展現各種美麗風貌，可以體會不同意境的城市景色。

1.登上歌德塔(Goetheturm)可以眺望法蘭克福市區美景／2.薩克豪森區城市森林裡的歌德塔(Goetheturm)／3.貫穿薩克豪森區的綠油油城市森林

# 城市綠洲
## Licht-und-Luftbad Niederrad

### 烤肉、戲水、日光浴

✉Niederräder Ufer 10, 60528 Frankfurt am Main ｜ 全年開放 ｜ 參觀免費 ｜ 搭乘12、15或是21號電車至Heinrich-Hoffmann-Straße / Blutspendedienst，下車後左轉Heinrich-Hoffmann-Straße，遇到Marienburgstraße右轉，接著Niederräder Ufer左轉，直走約90公尺，穿越馬路後即抵目的地 ｜ 建議停留30分鐘 ｜ MAP P.17 / E6

沿著尼德區(Niederrad)美茵河堤邊，有一峽長約500公尺寬的公共綠地半島，被當地人喻為城市綠洲；半島分成4個活動區域，有日光浴的廣場、烤肉營區、以船身浮躉鐵製的活動服務商店(PONTON LILU)以及兒童遊樂場，這裡是當地居民度過短暫夏季時光的都市天堂之一。民眾或遊客可以在PONTON LILU購買烤肉用具在這裡露天烤肉，或在微風吹徐的露天座位喝一杯咖啡，一旁的河堤可以戲水，離開喧囂享受與大自然親近接觸的閒暇時刻。

### 知識充電站 公共浴池的猶太人紀念碑

在1900年時，天然美茵河畔浴場為市民公共浴池，但在二戰爆發的前一年，也是猶太大屠殺爆發前，該浴場也是猶太人最後一個能公共淋浴的場所，經二次大戰摧毀後，公共浴場只剩下殘骸廢墟，法蘭克福市設立為一處紀念碑，為緬懷當年的歷史悲劇。

公共浴池紀念碑

1.PONTON LILU提供飲料與烤肉用具服務 / 2.夏季時光喜愛戲水的人們 / 3.烤肉露營區一況

Sachsenhausen & der Süden

# 文化藝術

## 施泰德博物館
## Städel Museum

**最值得參訪的藝術博物館**

✉Schaumainkai 63, 60596 Frankfurt am Main｜☎+49 (0) 69 605098-200｜🕒週二～三、週六～日10:00～18:00，週四～五10:00～21:00｜$週二～五成人票€14，優惠票種€12；週六～日及節假日成人票€16，優惠票種€14；12歲以下兒童免費｜➡搭乘U1～U3或U8至Schweizer -Platz，往西北方向出站直走Schweizerstraße，遇到Gartenstraße左轉接著直走，遇到Rembrandstraße右轉直走約200公尺，左轉Schaumainkai，直走37公尺即抵目的地｜⌛建議停留50分鐘｜http www.staedelmuseum.cn｜MAP P.17／G5

建於1815年的施泰德博物館，是法蘭克福市民參與文化建設的典範，也是法蘭克福最著名、最值得參訪的一所藝術博物館。館內展品擁有超過3,000幅畫像，600件雕塑，1,600件攝影作品和逾100,000幅畫作以及印刷圖像。這些藝術作品展示了從14～20世紀，超過700多年的歐洲藝術歷史，涵蓋了中世紀、文藝復興、巴洛克、現代古典及當代藝術作品。遊客甚至能戴上3D虛擬實境配備，帶你回到1878年體驗藝術光年。

**1.**來到法蘭克福務必參觀的施泰德博物館／**2.**夜裡的施泰德博物館，燈火照映美麗的後花園／**3.**施泰德博物館提供虛擬導覽，透過該裝備帶你回到19世紀的藝術時光／**4.**18世紀畫家蒂施拜因(Johann Heinrich Wilhelm Tischbein，1751～1829)繪製的《歌德在羅馬平原》(Goethe in the Roman Campagna，1787)／**5.**欣賞倫勃朗(Rembrandt)的著名繪畫作品《刺瞎參孫》(The Blinding of Samson，1636)

(以上圖片提供／© Städel Museum, Frankfurt am Main)

# 通訊博物館
## Museum für Kommunikation
### 了解通訊工具的發展史

Schaumainkai 53, 60596 Frankfurt am Main | +49 (0) 69 60600 | 週二～五09:00～18:00，週六～日及公眾假日11:00～19:00 | 18歲以上成人票€4，6歲以上優惠票種€1.5 | 搭乘U1、U2、U3或U8至Schweizer Platz，往西北方向出站直走Schweizerstraße，遇到Gartenstraße左轉接著直走，遇到Rembrandstraße右轉直走約200公尺，左轉Schaumainkai直走37公尺即抵目的地 | 建議停留30分鐘 | www.mfk-frankfurt.de | P.17 / G4

通訊博物館的前身是二戰期間柏林帝國郵政博物館(Reichspostmuseum)館藏外包的一個聯邦郵政博物館(Bundes-postmuseum)。1990年時，經過修繕與管理，以通訊博物館的新面貌開放。由於郵政的背景，博物館保存當時的歷史通訊技術與內容，從早期如何透過馬車怎麼傳遞信息，到網路成熟發達的今日，也展示了各種年代的電報機、電視、電話、收錄音機、電腦、留聲機、手機等，以相當精采的互動式展覽方式，演示日常溝通方式的發展史，部分設施可讓大家可以親手操作，非常適合帶小孩前來。

2

3

1.一秒看盡各世代電視的不同之處 / 2.展示從1945年開始，通訊史的演變過程 / 3.博物館介紹網格與規範的世界黃金比例(Weltformel Goldener Schnitt)
(以上圖片提供 / © Museum für Kommunikation Frankfurt, Foto: Kay Herschelmann)

1

# 基爾希博物館
## Museum Giersch
### 體驗美茵地區的文化與藝術

✉Schaumainkai 83 (Museumsufer), 60596 Frankfurt am Main | ☎+49 (0) 69 1382-101 | ⏲週二～四12:00～19:00，週五～六10:00～18:00 | $成人票€6，18歲以下兒童免費 | ➡搭乘U1～U3或U8至Schweizer Platz，往西北方向出站直走Schweizerstraße，遇到Gartenstraße左轉接著直走，遇到Rubenstraße右轉直走約170公尺，左轉Schaumainkai直走50公尺即抵目的地 | ⌛建議停留20分鐘 | http www.museum-giersch.de | MAP P.17 / F5

建於1910年的基爾希博物館，隸屬於法蘭克福大學下的一間知名美術館，因此博物館定位為：萊茵-美茵地區的「大學之窗」。自2000年開放以來，博物館先後舉辦了一系列有關此區的藝術和文化歷史展覽，宣傳與推動本地藝術的文化特點。博物館的展品主要來自公共捐贈和私人收藏，其展示的內容涵蓋各個領域，包括繪畫、攝影、雕塑、圖形藝術、建築和實驗應用藝術等，是了解萊茵-美茵地區文化特點的好去處，相當值得旅客前往參觀。

# 當代藝術文創空間
## AusstellungsHalle 1A
### 展示本地藝術家畫作與雕塑

✉Schulstraße 1 A, 60594 Frankfurt am Main | ☎+49 (0) 69 9620-0188 | ⏲依展覽而定 | $參觀免費 | ➡搭乘S3～S6至Lokalbahnhof，往西南方直走Darmstädter Landstraße，在Affentorpl.左轉後直走，接著左轉進入Wallstraße，繼續直走約200公尺後接到Schulstraße，即抵目的地 | ⌛建議停留20分鐘 | http www.ausstellungshalle.info | MAP P.18 / B4

在薩克豪森區的老街巷弄裡，有這樣一謐靜的當代藝術文創空間Ausstellungs Halle 1A，外觀陳舊的木桁架建築，令人興起走進去探究的欲望。原來這裡展示了一件一件本地藝術家作品，主要呈現畫作與雕塑的展覽。縱使沒有鄰近博物館堤岸的知名光環，但卻是讓本地藝術家的創作能登出自己工作室的小舞台。而該文創空間背後有法蘭克富藝術協會的支持，讓這股藝術氣息注入優雅的薩克豪森區裡的住宅區旁。

**1.**Ausstellunghalle 1A位處謐靜巷弄裡 / **2.**屬於本地藝術家的創作發揮小舞台

# 電影博物館
## Deutsches Filmmuseum
### 饒富趣味的電影展覽空間

✉Schaumainkai 41, 60596 Frankfurt am Main｜☎+49 (0) 69 961220-220｜🕒週二、四～日10:00～18:00，週三10:00～20:00｜$成人票€6，優惠票種€3，6歲以下兒童免費｜➡搭乘U1～U3或U8至Schweizer Platz，往西北方向出站直走Schweizerstraße，遇到Schaumainkai左轉即抵目的地｜⌛建議停留40分鐘｜http deutsches-filminstitut.de｜MAP P.17／H4

電影博物館絕大部分的展示物品皆是互動式的，常態展覽中陳列了16世紀時，當時的人們怎麼透過圖像透視法或是光影與圖像重疊等等的技術，發展出19世紀後來的電影製作。大家可以透過自己的手，親自操作一張張圖片或轉動暗室滾輪，透過顯示出的動態影像了解這段歷史。

除此之外，博物館內還展有電影製作的工作技術和工作步驟，而電影放映廳也不定期播放電影節目，是一般大眾娛樂電影院看不到的珍貴影像。動態展則經常會臨展覽與電影相關的多元主題，譬如Shaun the Sheep（小羊肖恩）就相當有趣。

**1.**收藏與研究大眾娛樂媒介的電影博物館／**2.**博物館定期放映各種世界獨立電影／**3.**常態展展覽中顯示圖像如何變成動畫 (以上圖片提供／© Deutsche Filminstitut / Deutsche Filmmuseum, Frankfurt am Main)

Sachsenhausen & der Süden

# 應用藝術博物館
## Museum Angewandte Kunst

### 探索設計趨勢發展的小天地

Schaumainkai 17, 60596 Frankfurt am Main｜+49 (0) 69 961220-220｜週二、四～日10:00～18:00，週三10:00～20:00｜成人票€6，優惠票種€3；每月最後一個週六免費入館｜搭乘U1～U3或U8至Schweizer Platz，往西北方向出站直走Schweizerstraße，遇到Schaumainkai右轉直走約100公尺即抵目的地｜建議停留40分鐘｜www.museumangewandtekunst.de｜P.17／H4

站在簡潔純白的應用藝術博物館前，會令人想起功能性主義建築泰斗柯比意(Le Corbusier)的住宅。這裡原本是Metzler家族的一所別墅，由風格相同的知名建築師查・麥爾(Richard Meier)將早期柯比意的設計延伸，運用擅長的幾何與白色於建築，賦予應用藝術博物館一個新風貌。

由於這樣的背景，博物館收藏12～21世紀，關於設計書籍裝幀藝術以及伊斯蘭和東亞藝術圖像，希望透過動態性展覽，告訴世人文化價值與不斷變化的生活條件，與應用藝術是相互關聯的，而且必須透過不斷創新的設計與表現形式來獲得。

**1.**依照功能及理性而設計的應用藝術博物館／**2.**建築師Richard Meier的R標誌性設計／**3.**博物館有提供教育計畫，稱Create，透過計畫，每位參訪者都能邊玩邊學／**4.**常態展Elementary Parts希望透過展覽日常熟悉的物品，讓人有新的啟發

(以上圖片提供／© Museum Angewandte Kunst)

# 古代雕塑博物館

Liebieghaus

## 從莊園變成雕塑收藏館

✉Schaumainkai 71, 60596 Frankfurt am Main | ☎+49 (0) 69 605098-232 | 🕒週二～三及週五～日10:00～18:00，週四10:00～21:00 | $ 成人票€12，優惠票種€10，12歲以下兒童免費 | ➡搭乘U1～U3或U8至Schweizer Platz，往西北方向出站直走Schweizerstraße，遇到Gartenstraße左轉接著直走，遇到Rembrandstraße右轉直走約200公尺，左轉Schaumainkai直走37公尺即抵目的地 | ⌛建議停留30分鐘 | http www.liebieghaus.de | MAP P.17／F5

波西米亞紡織品製造商巴龍·海因裏希·馮·利比格(Heinrich Baron von Liebieg)於19世紀時，遺贈了該別墅給法蘭克福市。90年代時，慕尼黑建築師Leonhard Romeis執行一項公共藝術博物館的計畫，後來開放給市民參觀，作爲市政雕塑博物館。目前1,600平方公尺大的博物館內展出3,000多件作品，爲國際間最重要的雕塑博物館之一。

收藏包括從古埃及到新古典主義的優秀作品：包括埃及、希臘和羅馬古代、中世紀、文藝復興時期、巴洛克風格，洛可可神話、新古典主義和遠東地區的作品。館藏最具價值的雕塑傑作包括：雅典娜(西元前450年)的大理石雕塑，以及安德烈・德拉・羅比亞(西元前1500年)的兵馬俑。近年來古代雕塑博物館也在眾多的展覽和研究項目中，吸引了很多民眾與遊客的前往。

**1.**古代雕塑系列(ANTIQUITY)收藏了來自古埃及、希臘和羅馬的作品／**2.**被譽為法蘭克福最美麗花園的古代雕塑博物館／**3.**透過館內導覽服務，可以更了解各時代雕塑文物的歷史背景 (以上圖片提供／© Museum Liebieghaus)

# 聖像博物館
## Ikonen-Museum
### 世界稀有的聖像收藏館

✉Brückenstraße 3 - 7, 60596 Frankfurt am Main ｜ ☎+49 (0) 69 21236-262 ｜ ⏲週二～日10:00～17:00，週三10:00～20:00 ｜ $成人票€4，優惠票種€2，18歲以下免費；每月最後一個週六免費入館 ｜ ➡搭乘S3～S6至Lokalbahnhof，往Mühlbruchstraße西南方向出站，走Darmstädter街道，直走一路經過Affentorpl.、Paradiesgasse、Elisabethenstraße，遇到Brückenstraße右轉，直走約70公尺即抵目的地 ｜ ⌛建議停留20分鐘 ｜ http www.ikonenmuseumfrankfurt.de ｜ MAP P.18 / B4

於1990年開放的法蘭克福聖像博物館，收藏了15～20世紀整個基督東正教的聖像藝術與聖像崇拜展覽品。當年博物館經由科隆建築設計師奧斯瓦爾德(Oswald Mathias Ungers)重新將內部空間變得簡潔俐落，更在木材上繪製聖像圖，讓整個博物館呈現一種神聖感。

而常態展的背景歷史可追朔到1988年，醫生約翰・施密德(Jörgen Schmidt-Voigt)捐贈了800件聖像給法蘭克福市，現今博物館各類展品已多達1,000多件。藝術品向世人展示從俄羅斯北部、中東地區直至埃塞俄比亞，整個東正教信仰世界的歷史價值。

由於世界上關於聖像博物館這樣的藝術館非常稀少，若是對西洋宗教歷史有興趣的遊客，不妨來此參觀。

**1.**將聖像繪製在木頭上的擺飾品。257：聖母瑪莉亞與孩子們；258：耶穌釘死在十字架上／**2、3.**收藏西洋宗教聖物的聖像博物館

## ·深·度·特·寫·

# 博物館堤岸節：文化與音樂的藝術盛宴

博物館堤岸節(Museumsuferfest約在每年夏季的8月26日至8月28日舉辦，為期3天。沿著美茵河畔兩側，一側是博物館堤岸，另一側是銀行街，左右都擺著滿滿攤位，共長達1公里，活動舉辦至今已有40年的歷史了。

活動以國家為主題，譬如印尼、西班牙或其他國家等等，代表法蘭克福是一個相當國際化的城市，歡迎世界各地的人們享受音樂與美食，度過這個夏季。

除了美食與音樂外，對藝術愛好者來講更吸引人的是，博物館皆開到深夜1點。只要在各個博物館、羅馬廣場的旅遊中心，以及中央火車站以€7購買獨家的博物館堤岸節徽章(Museum Embankment Festival Button)，從電影博物館到施泰德博物館，任何一間皆可

免費參觀與欣賞展品。

為了支持藝術創作者，攤位一側可以發現許多個人創作的陳列，從工匠細緻打造的商品到獨立畫家的畫作，也許喜愛文青風格的你，可以在這裡找到不同的啟發，或認識更多的朋友。畢竟，藝術也是無國界的。

**1.**沿著一整條街的法蘭克福博物館／**2.**Live音樂演唱會／**3.**沿著美茵河畔兩側的博物館堤岸攤位／**4.**每年博物館堤岸節閉幕煙火秀／**5.**直到深夜都可參觀的著名施泰德博物館／**6.**博物館堤岸節徽章販售亭(圖3、4圖片提供／© Frankfurt Tourist+Congress Board, Photo: Holger Ullmann)

# 逛街購物

## 全市最大、每月2次的二手市集
## Frankfurter Flohmarkt

Sachsenhäuser Mainufer | +49 (0) 69 2124-8562 | 適逢每月週六09:00～14:00(正確日期依官網公布時間) | 消費視個人而異 | 搭乘U4～U5至Dom／Römer，往西邊Krönungsweg／Markt toward Nürnberger Hof方向出站直走，遇到Römerberg左轉直走會接到Fahrtor，再左轉Mainkai後，上鐵橋過河的另一邊，即抵達目的地 | 建議停留30分鐘 | www.hfm-frankfurt.de | MAP P.17／G5

喜愛收集二手物品嗎？在法蘭克福每個月月初與月底的兩個週六，於Mainufer這端，亦是所謂的博物館堤岸，這裡常態性的舉辦全市最大的跳蚤市場。每逢週六，河岸邊總是人山人海，有琳瑯滿目的攤販擺攤，兜售各式各類的二手物品；譬如古董相機、銀製或陶瓷歐式餐具組、二手衣物、包袋與各式家飾等等。如果來到這座城市探訪，恰巧適逢開放日，不妨走來這邊看看，也許有緣分找到喜歡的小物可以帶回家。

**1.**跳蚤市場販售各式各樣二手商品／**2.**沿著博物館堤岸慢慢的逛跳蚤市場

## 小空間，大創意！
## designe, kleine!

Wallstraße 26, 60594 Frankfurt am Main | +49 (0) 69 2124-8562 | 週二～五11:00～19:00，週六11:00～17:00 | 消費視個人而異 | 搭乘S3～S6至Lokalbahnhof，往西邊Darmstädter Landstraße方向出站直走接到Affentorpl.繼續往前，遇到Wallstraße左轉後，直走約170公尺即是目的地，全程約7分鐘 | 建議停留10分鐘 | www.designe-kleine.de | MAP P.18／B4

designe, kleine!希望提供獨立設計師一個販售平台，即便是小小的創意，也能讓夢想在這大大的實現。就如同格子趣，設計師可以租一個白色方格，店內高低掛著方框架，陳列著各式各樣的創意商品，從手工禮品、珠寶首飾、當地文創紀念品、帆布包製品、日常生活物件、甚至有親自釀造萊姆酒(Rum)酒的禮盒，每一個販售的生活物件，都極具設計師個人特色。喜歡藝文物品的旅客，可以在這間文青小店，挖掘到意想不到的驚奇小物！

**1.**小巧極簡的門店／**2.**店內販售生活文創小物，從杯子到花布包都有 (以上圖片提供／© designe, kleine!)

# 美食餐廳

隨著季節營業的露天咖啡店

## Maincafé

Schaumainkai 50, 60596 Frankfurt / Main | +49 (0) 69 6616-9713 | 夏季週一～日10:00～21:30，冬季不營業 | 平均消費€4～15 | 搭乘U1～U3或U8至Schweizer Platz，往西北邊Schweizer Straße出站一路直走，左轉Schaumainkai繼續步行約140公尺，即抵達目的地，全程約6分鐘 | 建議停留20分鐘 | maincafe.net | P.17 / G4

鐵橋彼端的美茵河畔，有一間隨著天氣與季節好壞營業的咖啡店，叫作Maincafé。看似不起眼的橋下小店，卻是當地人喜愛光顧的休閒聚集地點，原因固然是前面這條美麗的河，與綠油油的青草地，當日結束營業也依日落而異。夏天的白晝，人們喜愛點杯啤酒，在風格小店前席地而坐；夏季黑夜裡的咖啡店，掛滿炫彩霓虹燈，加上眼前整座美茵河的靜幽夜景，怎麼能令人不愛上這個地方呢！咖啡店在冬季時間是休業的，倘若夏日來法蘭克福市，不妨來這裡吹著陣陣徐風，點杯飲品，體驗美好生活的節奏。

### 旅行小抄

**租用一張涼椅吧**

Maincafé為了讓人們更享受這自然風光美景，有需要涼椅的顧客，僅需付押金€10即可與店家租用一張，就可以享受整個下午徜徉在藍天白雲下，在河邊愜意閱讀的下午小時光。用畢後，將涼椅還給店家，即會退€10給租用者。

**1.**夏日夜裡的Maincafé / **2.**喜愛Maincafé休閒時光的人們

提供血腸特色風味餐

## Ebbelwoi Unser

Abtsgäßchen 8, 60594 Frankfurt am Main | +49 (0) 69 1534-5128 | 週一～四與週日17:00～00:00，週五～六17:00～01:00，週五～六17:00～01:00 | 平均消費€12～20 | 搭乘S3～S6至Lokalbahnhof，往Darmstädter Landstraße方向出站，步行約6分鐘，即抵目的地 | 建議停留30分鐘 | www.facebook.com | P.18 / B4

「Ebbelwoi Unser」爲黑森邦方言，是「我們的蘋果酒」之意。在薩克豪森的寧靜小巷裡，走進餐廳後，充滿賓客的歡樂喧囂！這裡有非常新鮮的血腸與肝腸特色餐(Frankfurt Slaughter Plate)，以及法蘭克福當地各式風味菜色，而店家供應的德式酸菜，與蘋果一起熬煮，加上香料調配，相互結合共同激盪出美味酸甜口感。

除此之外，店內偶有穿著白色烘焙服的大叔，在餐廳內兜售現做的美味手工麵包，對於喜愛清淡口味的用餐者來說，可互相搭食。餐廳主人有時會踏上餐廳的木椅，爲賓客高歌一曲，唱著薩克豪森區的歷史，細數蘋果酒的文化，與客同歡高唱，好不熱鬧。這裡的每一間德式餐廳，都以自己的獨特風格，在這個悠久歷史的城區綻放發光。

**1.**歡樂喧囂的用餐氛圍 / **2.**可口新鮮的血腸、肝腸 / **3.**當地傳統的烤豬肋排

異國風味小吃市集

# Markt im Hof

✉Wallstraße 9～13, 60594 Frankfurt am Main | 🕒週六10:00～17:00 | $平均消費€12～20 | ➡搭乘S3～S6至Lokalbahnhof，往東北方Darmstädter Landstraße方向出站直走接到Affentorpl.繼續往前，遇到Wallstraße左轉後直走約80公尺，即是目的地，全程約6分鐘 | ⌛建議停留20分鐘 | http marktimhof.de | MAP P.18／B4

Brückenviertel是薩克豪森區著名的藝文創意小區，在這裡會發現許多文藝氣息濃厚的商店，Markt im Hof就是其中一家。這棟像工業設計的建築，現今成爲異國風味小吃的市集，僅在每週六營業，市集宣言「Good Food Meet Friends」，是當地人逢週六與朋友聚集在這享美食小聚的地方。市集外頭爲露天美食區，有從埃塞俄比亞、敘利亞、越南和摩洛哥各地來的異國風味美食，非常有特色！而市集外邊還有如創意市集的小空間，販售各式各樣的藝術文創商品。Markt im Hof爲薩克豪森的歷史老街區，注入現代設計的新文藝氣息。

1.人潮不絕的市集入口／2.具特色的的文創市集／3.Markt im Hof市集內部空間／4.Arancine，一種敘利亞街頭小吃

法蘭克福前10大知名餐廳之一

## Apfelwein Wagner

Schweizer Straße 71, 60594 Frankfurt am Main | +49 (0) 69 6125-65 | 週一～日11:00～00:00 | 平均消費€5～20 | 搭乘U1～U3或U8至Schweizer Platz，往南邊Schweizer Straße出站直走約150公尺，即抵目的地，全程約2分鐘 | 建議停留30分鐘 | www.apfelwein-wagner.com | MAP P.18／A6

來到法蘭克福，若問說：「哪裡可以吃到道地的德國菜？」相信大家都首推Wagner。這家祖傳三代的傳統老餐廳，烹炸德式大豬排(Schnitzel)，或是烹煮黑森邦的綠醬(Grüne Soße)，都是絕對正統的經典道地口味。而從曾祖父Adolf Wagner流傳至今譽有百年的蘋果酒莊，更是自家招牌酒飲。餐廳裡每桌必盛有一大肚壺(Bembel)的蘋果酒，歡樂喧囂的用餐環境，是德式飲食文化的一種表徵，也是Wagner一直榮登法蘭克福前十大知名餐廳的原因。

1.牆上掛著從各地慕名而來的名人照片／2.傳統德式餐廳內飾／3.夜夜高朋滿座的Wagner (以上圖片提供／© Apfel Wagner)

### 蘋果酒協會標章

以文化與蘋果酒著名的薩克豪森區，有許多傳統德國餐廳，若在餐廳門口看到蘋果酒協會徽章，就是該餐廳販有自釀的蘋果酒。

2

3

1

## 爺爺流傳下來的古早味麵包
# Hucks Lieblingsplatz

Schweizer Straße 30, 60594 Frankfurt am Main｜+49 (0) 69 6060-7886｜週一～五06:30～21:30，週六～日07:30～21:30｜平均消費€8～12｜搭乘U1～U3或U8至Schweizer Platz，往西北邊Gartenstraße出站，於Schweizer Straße直走約40公尺，即抵達目的地，全程約1分鐘｜建議停留30分鐘｜www.huckgmbh.de｜P.17／H5

「80多年了，做麵包仍是我們最在乎的事。」祖傳下來的Hucks烘培坊，傳承至今是第三代，祖孫後代將原本被戰爭炸毀的小小單間麵包店，逐漸拓展到中央烘培房的規模。時至今日，Hucks已有多間分店，每日由中央烘培房新鮮送至法蘭克福的據點。而在博物館堤岸附近的Hucks，從06:30即開店迎接老顧客。店家嚴選天然食材，設計多種早點套餐與歐式麵包，當陽光斜射入溫馨的店裡，讓人在享用早午餐時，嘗到的是滿滿幸福滋味，用麵包香氣喚醒早晨的慵懶。

**1.**Hucks早餐烘培坊內部／**2.**多樣德式傳統麵包

(以上圖片提供／© Hucks Lieblingsplatz)

## 菜單豐富的有機廚房
# Die Brücke

Brückenstraße 19, 60594 Frankfurt am Main｜+49 (0) 69 61-13-04｜週二～五15:00～01:00，週六10:00～01:00，週日10:00～18:00｜平均消費€7～17｜搭乘S3～S6至Lokalbahnhof，往東北邊Darmstädter Landstraße出站直走約250公尺，接到Affentorplatz後繼續直走約93公尺後，於Wallstraße左轉步行約180公尺，再於Brückenstraße右轉步行40公尺，目的地即在右手邊，全程約8分鐘｜建議停留30分鐘｜www.diebruecke-frankfurt.de｜P.18／B4

彷彿待在家裡般溫暖的藍色咖啡館Die Brücke，是薩克豪森區附近許多居民的第二個小廚房，週間的3點一刻，坐滿忙裡偷閒的客人。店家女主人Sandra與Nina，兩個女生堅持使用有機食材，讓客人進來店裡咬下美味早餐與手製糕點的那一剎那，都能感受到他們製作食物的用心。而下午5點開始，咖啡店也提供熱騰騰的美味佳肴，用粉筆在黑板寫下每週變換的菜單，讓客人永遠保持新鮮感，甚至提供有機蔬食菜單，各式菜色都呈現廚師的用心與誠意。

義大利風味現做三明治

## FA:ME – The Sandwich Shop

Wallstraße 10, 60594 Frankfurt am Main | +49 (0) 69 9501-6000 | 週一～四12:00～22:30，週五～六12:00～23:00 | 平均消費€6～12 | 搭乘S3～S6至Lokalbahnhof，往東北邊Darmstädter Landstraße出站直走約250公尺，接到Affentorplatz後繼續直走約93公尺後，於Wallstraße左轉，繼續步行約64公尺，目的地即在右手邊，全程約6分鐘 | 建議停留20分鐘 | www.facebook.com/fame.sandwiches | P.18 / B4

FA:ME輕食吧的故事來源，可從一個義大利男人北漂到德國落地生根說起。他將家鄉的熱情帶到這片文化藝術鮮明的薩克豪森區。每日親自燉煮義大利燒肉(Porchetta)，予以義大利香草與洋蔥醬汁相互調味，最後夾以手作巧巴達拖鞋麵包上桌，看似樸實卻又無比的美味。

坐在FA:ME工業風時尚設計的用餐空間，就如同它的三明治，沒有過於繁複的手續，卻又是經典的代表。這樣就夠了，不需繁瑣，FA:ME只專注於將三明治做到最好，來這裡的客人，就喜愛光顧這純粹的經典味道。

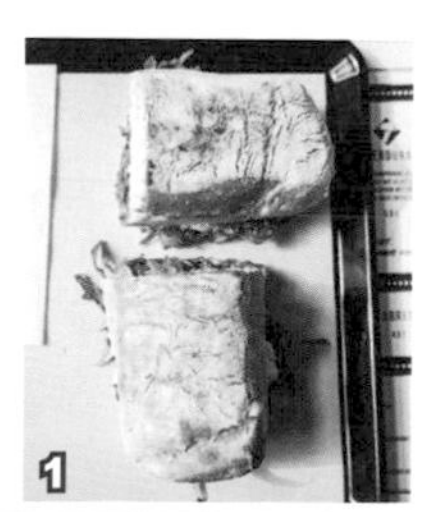

**1.**FA:ME經典牛肉三明治，看起來不大，但吃完也相當飽足 / **2.**工業設計風的用餐環境 (圖片提供 / © FA:ME)

待客熱情的德國餐廳

## Atschel

Wallstraße 7, 60594 Frankfurt am Main | +49 (0) 69 6192-01 | 週一～日12:00～23:00 | 平均消費€12～20 | 搭乘S3～S6至Lokalbahnhof，往東北方Darmstädter Landstraße方向出站直走接到Affentorpl.繼續往前，遇到Wallstraße左轉後直走約60公尺，即是目的地，全程約6分鐘 | 建議停留30分鐘 | www.atschel-frankfurt.de | P.18 / B4

「Atschel」為當地方言，是「喜鵲」的意思。1849年餐廳設立，至今已有悠遠歷史，但一直到2002年餐廳轉型後，才讓它自產的蘋果酒榮登上當地第一名，也是法蘭克福德國蘋果酒莊園餐廳裡評價相當高的一間。餐廳內為傳統擺設，後方還有小花園，夏天幾乎滿座。

這裡供應黑森邦傳統料理、德式料理(也有德式水煮豬腳)、有機鱒魚、野生食材等，所有食材都是當地生產。此外，這裡的侍者都相當熱情，若不曉得點什麼餐點，都會提供好意的建議給顧客。畢竟在大多數的餐廳裡，德國人都是比較冷漠的，但在這裡可以感受到一絲德式熱情與品嘗到美味料理。

**1.**Atschel餐廳入口 / **2.**店內空間小巧溫馨

# 法蘭克福住宿情報

## Accommodations

提供3種不同價位等級的住宿情報：精品酒店適合喜愛享受尊爵飯店服務的旅客；而喜歡自己動動手下廚的遊客，推薦選擇公寓設計酒店，可以慢慢品嘗生活步調；青年旅舍非常適合廣愛交友的背包客。每個人都可選擇自己喜愛的方式體驗生活。特別提醒，盡量避開展會期間，因為此時房價會調漲2～3倍，相當不划算。

# 精品酒店

## 希爾頓法蘭克福市中心酒店

## Hilton Frankfurt City Centre

✉Hochstraße 4, 60313 Frankfurt am Main | ☎+49 (0) 69 133-800 | $€130～3,200 | ➡搭乘U1～U3或U8到Eschenheimer Tor，往南邊Hochstraße方向出站，步行約1分鐘，即抵目的地 | http www.hiltonhotels.de | MAP P.13 / G6

希爾頓酒店坐落於法蘭克福市中心的絕佳地理位置，不僅緊鄰綠地公園，享有市區寧靜天地，亦距最受歡迎的觀光景點與精品購物街僅一步之遙。酒店設有342間現代化客房，14間行政套房，附設2,000平方公尺的健身俱樂部與半奧運規格25公尺的室內游泳池。還有公園露台餐廳，美好的夏季時分，設置現場烹飪台，提供精選的特色燒烤餐點與美味佳肴。

在精緻經典的Vista Bar & Lounge酒廊酒吧，不僅能品飲市內最好的杜松子烈酒，同時亦能品嘗當地或國際特色美食。

**1.**行政客房 / **2.**飯店外觀夜景 / **3.**設現場烹飪台的公園露天餐廳 (以上圖片提供 / © Hilton Frankfurt City Centre)

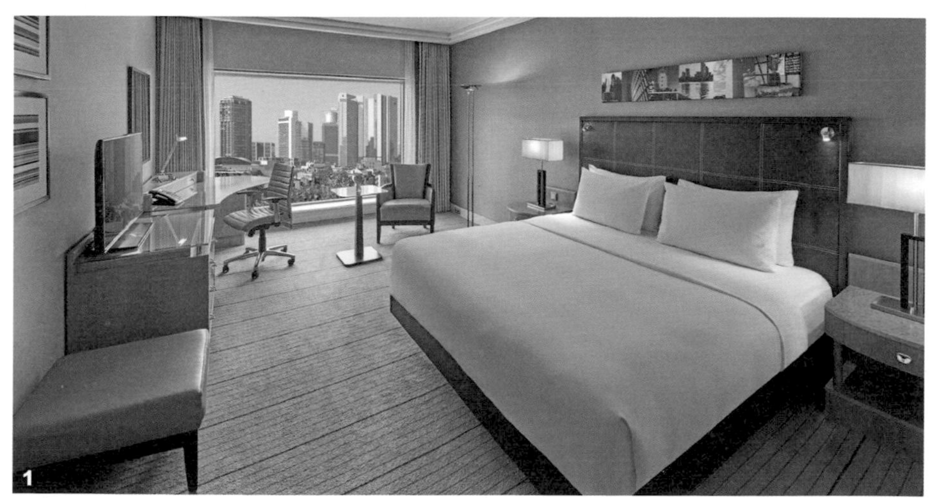

## 施泰根博格法蘭克福庭院酒店

# Steigenberger Frankfurter Hof

Am Kaiserplatz, 60311 Frankfurt am Main | +49 (0) 69 215-02 | €167～1,350 | 搭乘U1～U5或U8到Willy-Brandt-Platz，往Friedensstraße方向出站，步行約3分鐘，即抵目的地 | www.steigenberger.com | MAP P.17 / G3

傳統與現代碰撞的建築風格，貼近人心的服務品質，位於金融與老城區的施泰根博格法蘭克福庭院酒店，是國際旅客在法蘭克福與城市浪漫相遇的庭院酒店。經典豪華的迷人酒店大門，令旅客耳目一新。

酒店設有303間全新裝潢的客房與套房，19間寬敞明亮的會議廳，以及1,000平方公尺的水療與健身中心，給自己一個放鬆享受的小時光。庭院酒店設有米其林一星Français法式餐廳，亦有國際年輕廚房OSCAR，讓你在豪華酒店體驗精緻美食的舌尖盛宴。

**1.**庭院酒店外觀一隅 / **2.**水療中心(The SPA) / **3.**豪華雙人客房 (以上圖片提供 / © Steigenberger Frankfurter Hof)

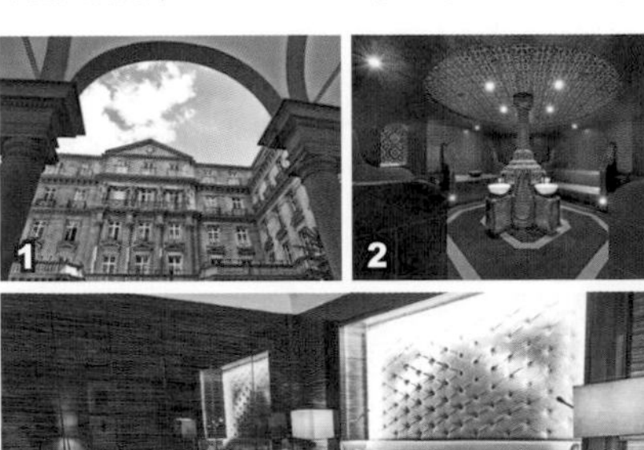

## 卓美亞法蘭克福酒店

# Jumeirah Frankfurt

Thurn-und-Taxis-Platz 2, 60313 Frankfurt am Main | +49 (0) 69 297-237-0 | €280～2,500 | 搭乘S1～S6、S8～S9、U1～U3或U6～U8到Hauptwache，往北邊An der Hauptwache方向出站，步行約3分鐘，即抵目的地 | www.jumeirah.com/en/hotels-resorts/frankfurt/jumeirah-frankfurt | MAP P.18 / A1

位處熙攘繁華Zeil購物街和金融中心的卓美亞法蘭克福酒店，非常難發現這樣的奢華酒店就坐落於老城區的祕密暗巷裡。卓美亞法蘭克福酒店設有217間寬敞的客房和套房，正因地處老城區精華地段，高樓層城市客房，可飽覽早晨與夜晚迷人的城市美景。酒店裡設有泰麗絲水療中心，可體驗鹽療法全身按摩，感受心曠神怡的舒暢。

此外，酒店內裝特別以當地藝術家Hartwig Ebersbach的原創藝術作品裝飾，選擇入住卓美亞法蘭克福酒店，將會帶給旅客高貴與卓越的體驗。

**1.**飯店大廳 / **2.**Max on One餐廳享用美味佳肴 / **3.**Jumeirah豪華客房 (以上圖片提供 / © Jumeirah Frankfurt)

法蘭克福歌劇院索菲特酒店

# Sofitel Frankfurt Opera

Opernplatz 16, 60313 Frankfurt am Main | +49 (0) 69 256-6950 | €220～3,500 | 搭乘U6或U7到Alte Oper，往Kettenhofweg方向出站，步行約5分鐘，即抵目的地 | www.sofitel.com/de | P.13 / G6

宛如高級時裝般優雅的歌劇院索菲特酒店，就位於法蘭克福的心臟地帶──地標景點歌劇廣場(Opera Square)。酒店聘請法國設計師Nicolas Adnet與其設計工作室爲其親自操刀室內設計裝潢，150間的客房與套房，各自展現與歌劇院優雅氣息結合的內飾風格。

酒店內設有高級餐廳Schönemann，以德國當地食材結合法式風味菜色，提供精采的用餐體驗；而Lili's酒吧，提供多種雞尾酒，與法式甜點或風味小點，來此可感受明星般的愜意享受。

Lili's與Schönemann是以德國文豪歌德最摯愛的女人命名，別具意義。歌劇院索菲特酒店，更搭上未來電動車的趨勢，在酒店附近亦設有8座Tesla充電站，供旅客方便使用。

**1.**總統套房露臺一隅／**2.**歌劇院索菲特酒店外觀／**3.**高貴華麗的Lili's酒吧／**4.**豪華雙人客房 (以上圖片提供／© Sofitel Frankfurt Opera)

# 設計旅館

賓至如歸般的享受

## Living Hotel Frankfurt

✉Mailänderstraße 8, 60598 Frankfurt am Main | ☎+49 (0) 69 247-534-499 | $€75～150 | ➡搭乘S1～S6或S8～S9到Frankfurt Süd，往西南邊Großer Hasenpfad方向出站，步行約13分鐘，即抵目的地 | http www.deraghotels.de | MAP P.18 / B6

嶄新開幕的法蘭克福Living Hotel，打破飯店生硬的刻板印象，入口迎賓大廳，以開放的客廳設計，注入人文脈絡詮釋生活酒店的新概念。Living Hotel融合當代與人文的魅力設計，提供共104間客房或服務式公寓，服務式公寓配有微波爐、電磁爐等簡易廚房。

客房設計皆寬敞、簡潔，鄰窗房型更可以一覽迷人的薩克豪森區天際線與美景，飯店亦設有洗衣間，甚至提供洗衣粉，皆免費供下榻旅客使用。如此優質的禮賓服務，都能讓旅客感受如在家般的舒適。

**1.**豪華服務式公寓房型 / **2.**夜裡的Living Hotel 生活文旅 / **3.**公寓附設有簡易廚房設備，可供旅客烹煮輕食。另外，飯店隔壁即有一間超市，購買食材相當方便 (以上圖片提供 / © Living Hotel Frankfurt)

個性文旅

## Libertine Lindenberg

✉ Frankensteiner Straße 20, 60594 Frankfurt am Main | ☎ +49 (0) 69 661-61-550 | $ €79～949 | ➡ 搭乘S3～S6至Lokalbahnhof，往西邊Dammstraße方向出站，遇Dreieichstraße右轉後直走，於Große Rittergasse左轉，再於Frankensteiner Str.右轉走11公尺，即抵目的地，步行約10分鐘 | http www.das-lindenberg.de/libertine/home | MAP P.18 / B4

Libertine是一間別出心裁，帶有強烈獨特風格的設計公寓。不走一般飯店的經營方式，而是將藝術生活帶入設計公寓的經營理念。Libertine坐落在藝術氣息濃厚的老薩克豪森區，也是法蘭克福蘋果酒最古老的社區，因此每間客房的名稱，都以蘋果酒的獨特名稱命名；公寓設有27間客房，其中包括6間公寓小屋，有單人、雙人、3人房的選擇，公寓的每個角落，都散發著藝術者的風格設計。5樓是Libertine的精神靈魂地帶，Leeker廚房雜貨在這裡日日爲宿客烹煮健康美味的早餐，亦可自己於此隨心烹飪喜愛的食材。若擔心吃了過多的美食，地下室設有健身房供你消減熱量，也提供免費租借自行車至外頭踏青。Libertine的熱情服務，與無限創造力的空間想像，是每個宿客期待的設計之家，是一個適合文青的設計公寓。

**1.**清新設計的套房 / **2.**強烈個性的客廳風格 / **3.**精心設計的公共廚房空間 (以上圖片提供 / © LIBERTINE LINDENBERG)

圖片提供 / © Five Elements Hostel Frankfurt



# 青年旅舍

## 五元素青旅

## Five Elements Hostel Frankfurt

Moselstraße 40, 60329 Frankfurt am Main｜+49 (0) 69 2400-5885｜€18～50｜搭乘到中央火車站，往12、13月台方向出站，步行約6分鐘，即抵目的地｜5elementshostel.de｜MAP P.17 / E3

在熙來攘往的中央火車站附近，有一間五元素青旅，提供舒適客床及公寓套房，親切熱情的服務與CP值極高的住宿品質，在當地青年旅舍中，擁有相當高的正面評價，旗下官方網站保證享有最低的優惠價格。旅舍提供3～8床的客房，或是公寓套房，旅舍的酒吧全日供應旅客免費的茶與咖啡，與24小時的前台服務，住宿3晚以上，房費含免費的自助式早餐。優越的地理位置與物美價廉的住宿環境，是許多背包客來法蘭克福旅行，喜愛歇宿的首選之一。

**1.**五元素公寓套房 / **2.**五元素青旅 / **3.**明亮整潔的餐廳 (以上圖片提供 / © Five Elements Hostel Frankfurt)

青年之家旅舍

## Haus der Jugend

✉Deutschherrnufer 12, 60594 Frankfurt am Main｜☎+49 (0) 69 610-015-0｜$€20～50｜➡搭乘S3～S6到Lokal Bahnhof，往西南邊Dramstädter Landstraße方向出站，步行約8分鐘，即抵目的地｜http www.jugendherberge-frankfurt.de｜MAP P.18／B3

青年之家是法蘭克福青年旅舍的首選，實惠的價格，亦是所有年齡層旅行者的口袋名單首選。坐落於薩克森豪森(Sachsenhausen)的心臟地帶，享有法蘭克福天際線的城市美景，距離充滿活力的、法蘭克福老城區與博物館區(Museumsufer)僅有15分鐘步行路程。現代化設計的青年之家，設有單人房、雙人房與4床一間的房型，臥室附有衛浴間。旅舍餐廳每日提供自助早餐、午餐與晚餐的服務，還設有咖啡廳。11間的會議室，皆供使用，大廳設有無線網路服務，持有青年旅社聯盟(HI)會員的旅客，可持證入館。

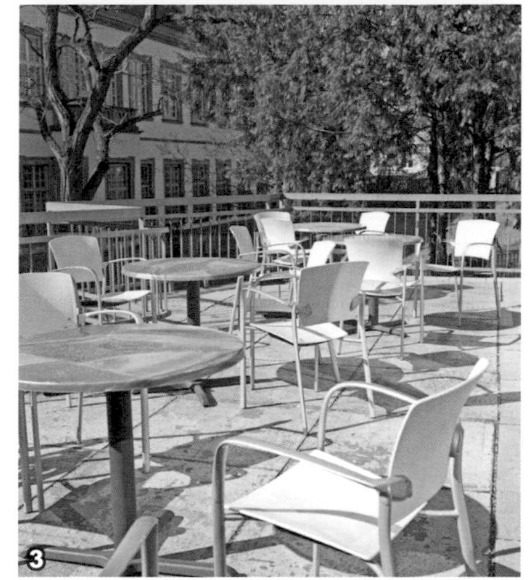

**1.**青年之家迎接大廳／**2.**青年之家外觀／**3.**戶外露天咖啡廳 (以上圖片提供／© Haus der Jugend)

# 法蘭克福
# 近郊旅遊

CASINO

# 巴特瑙海姆
# Bad Nauheim

巴特瑙海姆位於黑森邦陶努斯山脈(Taunus)的東邊，
距離法蘭克福市區與機場僅30分鐘車程。
小鎮風光明媚，綠意盎然，是國際知名醫學的研究基地，
因此，這裡以療養溫泉度假鎮與健康城市聞名於世。

巴特瑙海姆保有德國20世紀歐洲新藝術運動支流——青年風格(Jugendstil)的完整建築群。其中著名的Sprudelhof溫泉庭院與Trinkkuranlage水療中心是其風格象徵代表。

由於該區的溫泉有治療疾病的功效，自古吸引歐洲帝王，如沙皇亞歷山大，甚至富蘭克林的父親也來此療養過。今日的巴特瑙海姆仍是健康療養勝地，德國著名心肺研究機構與眾多專科醫院都設立在此。貓王(Elvis Presley)當年在附近城鎮服役時，也曾居住在此，專輯封面照也是在溫泉庭院前拍攝的相片，而成爲小鎮的焦點之一。

**1.**青年風格建築表現的Sprudelhof溫泉庭院／**2.**同屬青年風格的Bad Nauheim火車站

從法蘭克福中央車站(Hauptbahnhof)搭乘RE-RB、RB 15008、RB 15108、RB 15010或RB 15110至Bad Nauheim | http www.bad-nauheim.de

知識充電站

## 只盛行10餘年的青年風格

德國的青年風格(Jugendstil)大約盛行於1896～1909年間，其實青年風格就是歐陸的新藝術(Art Nouveau)，只是傳到德國時，該風格發行在當時結合藝術和文學的雜誌《青年：慕尼克藝術與生活畫刊》(Jugend：Münchner illustrierte Wochenschrift für Kunst und Leben)，名稱由此而來。其風格的特徵是以草木、花卉、藤蔓等植物的形狀做成細長彎曲線條，當時流行於德國的建築、手工藝、室內裝潢等。

## 「Bad」與溫泉有關

在德文裡，Bad一字為「沐浴」的意思，因此在德國地名裡含有「Bad」，代表這個城市都有溫泉設施。在法蘭克福附近的城市有巴特瑙海姆(Bad Nauheim)與巴特洪堡(Bad Homburg)，兩座城市均以溫泉著名。

# 熱門景點

## Sprudelhof 溫泉庭院

Sprudelhof

**天然的碳酸溫泉浴場**

Nördlicher Park 3, 61231 Bad Nauheim｜+49 (0) 6032 3495588｜週一～四08:00～16:00，週五08:00～13:00｜參觀免費｜從Bad Nauheim火車站出站步行約7分鐘，即抵目的地｜建議停留20分鐘｜sprudelhof.de｜MAP P.147

譽為療養小鎮的地標──Sprudelhof溫泉庭院，建於20世紀新藝術運動風格時期，展現自然和環境融為一體的溫泉浴場，象徵著藝術建築與自然的連結，即藝術與水聯繫在一起，為健康泉源無處不在的概念。

溫泉庭院在1905～1912年間，建有6間淋浴澡室，總計共264個水療浴池間，因此譽為歐洲最大青年風格的密閉建築群。每個淋浴澡室以阿拉伯數字代稱，

推開3號淋浴澡室的大門，首先映入眼簾的是挑高中庭，精美磁磚推砌與寶石藍點綴的牆面，有種柔情似水的剛與美，走進後門還有優雅噴泉花園，靜謐的走廊間即是一間間的水療浴池間，是非常淨幽美麗的環境。

幾千年來富含游離碳酸的溫泉源源不斷地從地下湧出，經過證明當地碳酸溫泉對心血管疾病的有特殊療效之後，小鎮吸引許多人士前往治療，其中不乏國際知名運動員以及政商人士等等。

**1.**3號淋浴澡室門面／**2.**內視挑高中庭一景／**3.**幽靜的噴泉後花園

# 巴特瑙海姆療養公園
Kurpark

## 溫泉度假療養勝地

Zanderstraße 3, 61231 Bad Nauheim｜全年開放｜免費參觀｜從Bad Nauheim火車站出站，步行約11分鐘，即抵目的地｜建議停留20分鐘｜www.bad-nauheim.de(選擇kuren-kliniken→kuranlagen→historischer-kurpark)｜MAP P.147

夏季花草盛放時的療養公園，吸引許多遊客前往漫步

著名的花園建築師海因裏．希斯邁爾(Heinrich Siesmayer)創建了巴特瑙海姆歷史悠久的溫泉公園基礎，他也是法蘭克福棕櫚園(Palmengarten)的背後推手。巴特瑙海姆療養公園有如英式公園般的田園詩意：有老樹、有茂密的灌木叢，還有寬闊的綠地與稀有植物。由於得天獨厚的地理優勢，療養公園除了水療中心吸引了許多遊客前往外，這裡還設有迷你高爾夫球場與新文藝復興建築風的溫泉花園，溫泉花園有常態性的音樂會與戲劇表演。若你是貓王迷，別忘了探訪在公園裡的貓王廣場(Elvis-Presley-Platz)，了解他在服兵役期間於此居住的經典往事。

## 巴特瑙海姆市區地圖

巴特瑙海姆車站
Bad Nauheim
Sprudelhof
溫泉庭院
巴特瑙海姆療養公園
Kurpark
巴特瑙海姆水療中心
Trinkkuranlage
巨型曬鹽牆遺址
Gradierbauten
Bahnhofsallee
Nördlicher Park
Auguste-Viktoria-Straße
Ludwigstraße
Burgallee
Terrassenstraße
Parkstraße
Lessingstraße
Ernst-Moritz-Arndt-Straße
Am Goldstein
Frankfurter Str.
Wisselsheimer Str.
Goldsteinstraße
Lindenstraße
Friedrichstraße
Reinhardstraße
Karlstraße
Kurstraße
Zanderstraße
Goethestraße
Schillerstraße
Am Heiligenstock
Uhlandstraße
Luisenstraße
Hauptstraße
Ernst-Ludwig-Ring
Eleonorenring
Rödger Weg
Berliner Str.
Friedensstraße
Landgrafenstraße
Lutherstraße
Mittelstraße
Mozartstraße
Homburger Str.
Blücherstraße
Beethovenstraße

# 巴特瑙海姆水療中心

Trinkkuranlage

## 可調節腸胃的飲用碳酸泉水

✉Trinkkuranlage, Ernst-Ludwig-Ring 1, 61231 Bad Nauheim | 🕒週二～日14:00～16:00 | $免費參觀 | ➡從Bad Nauheim火車站出站步行約10分鐘，即抵目的地 | ⌛建議停留20分鐘 | http www.bad-nauheim.de(進網址後，右上角輸入關鍵字Trinkkuranlage即可搜尋到相關資訊) | MAP P.147

巴特瑙海姆水療中心共有5個飲用泉，這些飲用泉經過9個國家認證標誌，證明該地區的溫泉富含游離碳酸並且可以直接飲用，部分飲用泉內含的物質與功效皆不一，譬如Karlsbrunnen富含碳酸氫的氯化鈉酸，可幫助腸胃消化與蠕動，而Karlsbrunnen富含氯化鈉碳酸氫鹽酸，濃度比Karlsbrunnen更高，因此對消化系統更有幫助。

另外還有Ludwigsbrunnen、Löwenquelle與Sauerbrunnen皆有不同的碳酸物於泉水中。民眾可前往每一個飲用泉試飲，雖然據說非常有療效，然而富含碳酸的口感卻非常難以入嚥。

水療中心的建築遺產也是青年風格的代表作之一，內斂奢華的設計與金屬細節，尤其飲用泉金屬的圓頂，將自然與藝術融為一體。

1.5個碳酸泉中之一的Karlsbrunnen，含鹽量更高，更有利腸道蠕動 / 2.每個溫泉牆壁上皆會列出該溫泉所含礦物質

Bad Nauheim

# 巨型曬鹽牆遺址
## Gradierbauten

**歐洲的製鹽廠**

Zanderstraße 3, 61231 Bad Nauheim｜4～10月10:00～18:00｜€3.30｜從Bad Nauheim火車站出站，步行約8分鐘，即抵目的地｜建議停留20分鐘｜www.bad-nauheim.de (選擇kuren-kliniken→kuranlagen→gradierbauten-inhalatorium)｜MAP P.147

早在西元前400年前，曾在巴特瑙海姆活動的凱爾特人(Celt)，利用該區的天然資源優勢製鹽，當時的鹽巴價值等同於黃金的價值。17世紀時，當人類技術純熟後，在此建蓋這座10公尺高的Gradierbauten，中文又可譯爲「製鹽梯塔」，利用分級結構中的蒸發技術，使巴特瑙海姆成爲歐洲的製鹽廠之一。後來經過研究發現，當微風穿過鹽水蒸發的過程中，空氣中內含細鹽晶體分對人體健康是非常有益的，尤其是針對人體呼吸系統，具有溫暖、清潔、濕潤等作用。因此患有感冒、支氣管炎、哮喘或過敏的人群可以從這種自然療法中受益。

遊客可以免費進入站在製鹽梯塔2號(Gradierbauten II)體驗有如海洋微風般的清新空氣；或者也可以參訪製鹽梯塔1號(Gradierbauten I)深入了解，西元前活動的凱爾特人(Celt)如何在巴特瑙海姆製鹽。

**1.**民眾可進入體驗內陸海洋微風吹來的清新空氣／**2.**製鹽梯塔2號(Gradierbauten II)

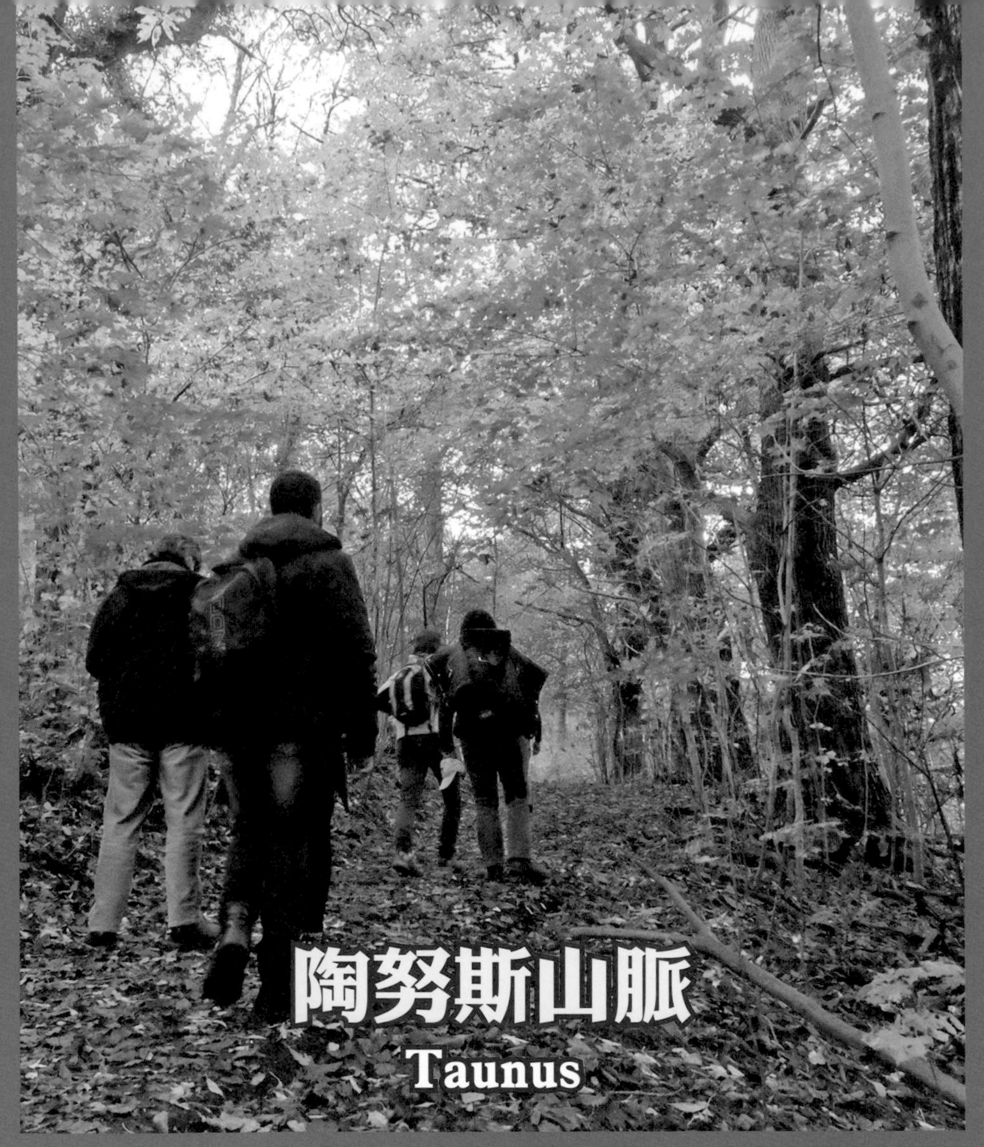

# 陶努斯山脈
## Taunus

位於法蘭克福以北的陶努斯山脈，是黑森邦的重要山脈。
由於天然地形優勢，古羅馬帝國時代曾為防禦工事建造雄偉的古羅馬長城，
在德國境內部分稱為日耳曼長城，是古羅馬帝國邊界的一部分，
因此在陶努斯山脈坐擁許多城堡。今日的陶努斯山脈，
是法蘭克福郊區文化歷史與大自然休閒娛樂的基地，在此可以騎鐵馬環山及登山健行。
由於得天獨厚的森林自然環境與歷史文化背景，這一帶亦是相當富有的人士置產的地方。

# 熱門景點

➡從法蘭克福中央火車站(Hauptbahnhof)搭乘S4至Kronberg Bahnhof火車站；或是S5到Bad Homburg Bahnhof，再依前往目的地為準，轉乘其他交通工具

## 薩爾堡
## Römerkastell Saalburg

### 古羅馬的軍事堡壘

✉Saalburg 1，61350 Bad Homburg｜☎+49 (0) 7361 5282-8710｜🕒4月初～10月中旬09:00～18:00，最後進場時間16:30(詳細開放日期請參見官網)｜$成人票€5，優惠票種€3.5，6歲以下兒童免費｜➡從法蘭克福搭S5到Bad Homburg，轉乘5號公車至Saalburg，即抵目的地，車時約1小時｜⌛建議停留1小時｜http www.saalburgmuseum.de

追溯至古羅馬帝國時期，位於陶努斯山區(Taunus)的薩爾堡(Saalburg)曾是一個堡壘，是古羅馬人爲抵禦北日耳曼人和瑞特人入侵而修建的軍事堡壘。從西元2世紀初開始，古羅馬人開始從萊茵河一路到多瑙河建造約560公里日耳曼長城，全名又稱爲「上日耳曼(Obergermanien)-雷蒂安(Raetia)邊墻」。長城是出土墻、石墻、壕溝、柵欄及900座簡易瞭望塔、120多個大大小小的堡壘組合而成，薩爾堡是參與輝煌歷史的古蹟之一，而留存至今的日耳曼長城(Deutsche Limes)則被列入聯合國教科文組織世界遺產(UNESCO)。

經過修復後的薩爾堡壘，成爲一座具有歷史教育性的博物館，復刻2000年前的一景一色，如堡壘裡面村莊的生活型態，見證了古羅馬文化對歐洲發展的深遠影響，是非常具有歷史教育意義的世界遺產之一。

**1.**堡壘前抵禦敵人的壕溝／**2.**上日耳曼-雷蒂安邊墻遺址／**3.**薩爾堡城門口

# 歐寶動物園
## Opel Zoo

### 歐、亞、非洲的動物王國

Am Opel-Zoo 3, 61476 Kronberg im Taunus | 冬季09:00～17:00，夏季09:00～18:00，6～8月09:00～19:00 | 成人票€14，優惠票種€13，3～14歲兒童€7.5 | 從Kronberg火車站，搭乘巴士261、X26或X27，至目的地Opel-Zoo，車時約45分鐘 | 建議停留1小時 | 因季節日照時數等因素，冬季或春季營業時間依官網公告為主 | www.opel-zoo.de

歐寶動物園顧名思義即是歐寶汽車創辦人喬治・馮・歐寶(Georg von Opel)建造於風景優美的陶努斯山間的動物王國，占地有27公頃的動物園，最與眾不同的是四面八方來此定居的動物家族，有來自亞洲與非洲等國家，共計約1,600隻的動物。尤其園區裡的非洲大象，從1955年運回來的Conti、Vauka與Opeline，是許多當地人的童年回憶，其他如斑馬、長頸鹿、獵豹、袋鼠等，也是唯獨黑森邦有飼育的動物。動物園非常適合親子一起來郊遊，讓大人與小孩學習用眞心感受這些來自大自然的贈禮。

1.動物園裡還有台灣特有亞種梅花鹿／2.黑森邦獨有的斑馬與長頸鹿／3.園區內設有非洲大象館

**旅行小抄**

**園區偏遠，建議自備餐點**

由於園區遠在偏遠郊區，而園區內又相當遼闊廣大，建議遊客可提前自備礦泉水與零食，或是園區入口即有一間動物園餐廳，這裡的牛排評價相當好，遊客也可選擇在此用餐。

# 黑森公園露天博物館
**Hessenpark**

## 了解黑森邦風情民俗

✉Laubweg 5, 61267 Neu-Anspach｜☎+49 (0) 6081 588-0｜🕘3～10月09:00～18:00，11～2月10:00～17:00，春夏季最後進場時間17:00，秋冬季最後進場時間16:00｜休12/24與12/31｜$成人票€8，優惠票種€4，5歲以下兒童免費｜➡從法蘭克福搭S5到Bad Homburg，轉乘RB15區間車(往Grävenwiesbach Bahnhof方向)至Neu-Anspach-Anspach Bahnhof，轉乘63號公車(Usingen Bahnhof方向)至Neu-Anspach / Anspach Hessenpark即抵目的地，車時約1小時20分｜⌛建議停留2小時｜http www.hessenpark.de

黑森公園不僅只是字面上單純公園的意義，它是展現黑森邦風情民俗的文化博物館，園區共分成5個部分：黑森中部地區、黑森東部地區、黑森北部地區、萊茵美因地區和黑森南部地區。這座完整記錄當地民俗的露天公園博物館，展示著從西元17世紀到1980年代的村莊和小鎮生活以及節日文化，介紹從早期工業化階段到早期機械化，再到工業現代化的各地區各式建築，以及手工業、農業和家庭工作的各種物品與文化。

黑森公園博物館致力於保護傳統工藝和技能，至今收集了超過15萬件日常文化物品，並且積極的與學術機構相互研究，共同處理修復100多座的歷史建築，公園博物館將黑森邦居民的生活記憶重現於今日人們的眼前。參觀者可以在黑森公園裡重新見識當地的傳統衣著、文化，甚至是已經失傳的手工藝，對歷史和民俗感興趣的遊客不妨抽出點時間，來這裡了解黑森邦的藝文風情。

### 旅行小抄

**黑森公園露天博物館重要活動**

| | |
|---|---|
| 植物市集 Pflanzenmarkt | 3月與9月第一個週末 |
| 秋季豐收節 Erntefest mit Herbstmarkt | 10月第一個週末 |
| 蘋果節市集 Apfelfest mit Apfelmarkt | 10月中旬 |
| 降臨節市集 Adventsmarkt | 降臨日後第一個週末 |

1.黑森邦中部地區衣著與農村生活的小劇場(圖片提供 / © Hessenpark, Photo: Sascha Erdmann) / 2.展示當年鐵匠鑄造各式鐵具的農村生活方式(圖片提供 / © Hessenpark, Photo: Oliver Rossi) / 3.復刻黑森邦城市的房屋(圖片提供 / © Hessenpark, Photo: Norbert Miguletz)

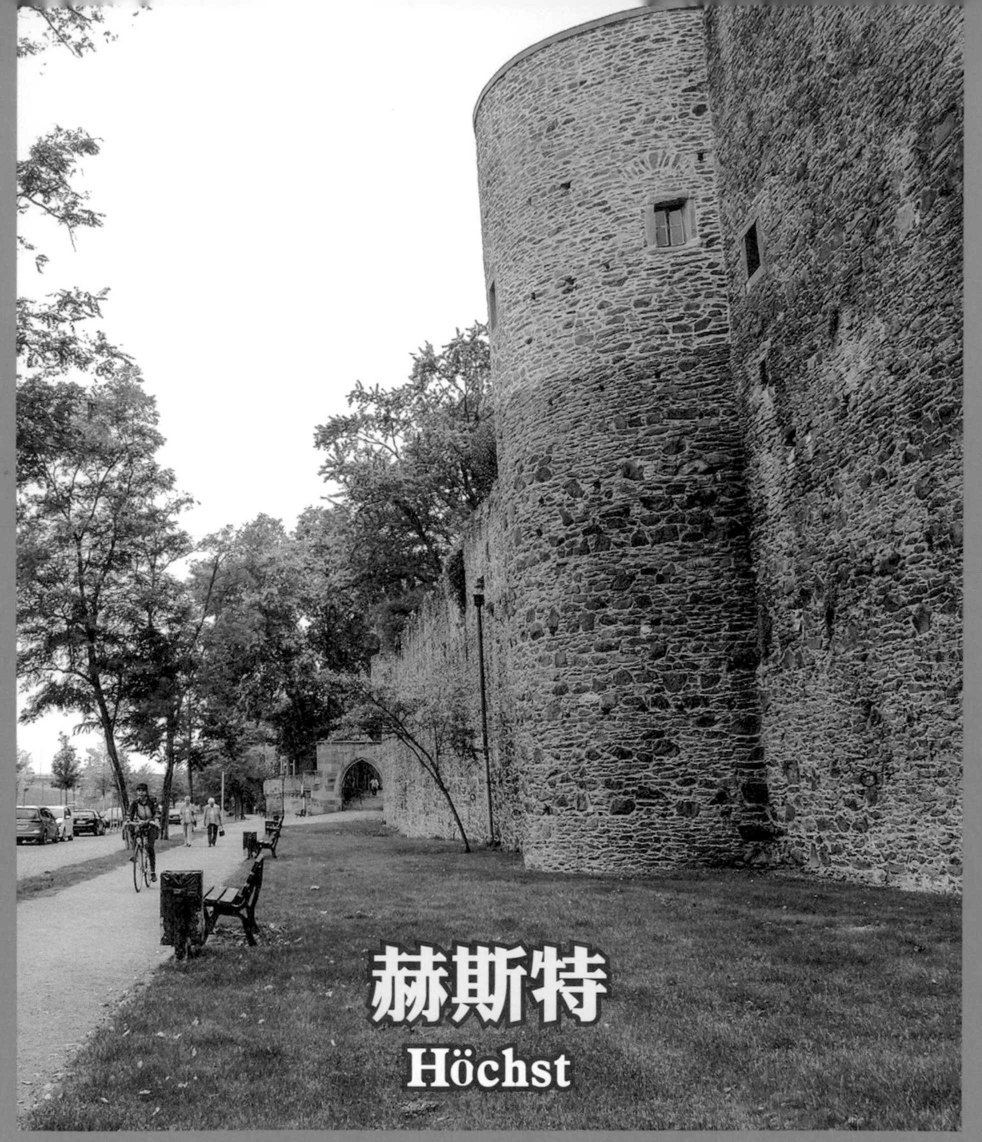

# 赫斯特
## Höchst

赫斯特是長途貿易必經路線重要地點，船隻通行皆需先停靠於城堡關口，
由領主課稅，昔日是中世紀相當富裕的城市。
也因位於市郊，在戰爭期間未受過度破壞，迄今風景仍相當優美。
此外，該地區從21世紀初始，即是德國化學工業園區的重要地點，
亦是繼德國瓷器龍頭邁森(Meissen)外，德國第二古老的瓷器廠(Höchster Porzellanmanufaktur)所在的城鎮。老城區小巧卻又滿溢溫馨浪漫的氣氛，
在赫斯特的兩座城堡間，夏日風景美麗如畫，若有機會不妨來此探訪。

從法蘭克福中央車站(Hauptbahnhof)搭乘S1、S2、RB22、RB12、RB10等火車至Höchst Bahnhof火車站

## 赫斯特美茵河堤岸
Höchster Mainufer

### 欣賞中世紀河岸景色

Bolongaropalast, 65929 Frankfurt am Main | 全年開放 | 免費參觀 | 從法蘭克福搭S1或S2至Höchst，下車步行約10分鐘即抵目的地，總路程約25分鐘 | 建議停留15分鐘 | www.frankfurt.de | MAP P.156

美茵河堤岸起始於尼塔河(Nidda)河岸三角洲，這是一片經過生態工程改造後，重新展現綠意盎然的三角洲，堤岸停靠著幾座船屋。這一片沿著河岸的綠地，是遊客或當地民眾茶餘飯後散步的最佳去處，在河邊高聳的城牆，即是中古世紀保存下來的遺跡。而河的彼岸，則是著名的化學工業園區與冰河時期沙丘，不管是上班族或是遊客，每日都可搭乘渡輪到對岸。

若從法蘭克福搭乘Primus郵輪，也可選擇在此下船遊玩。由於赫斯特的老城區古蹟與老屋保存完善，每年吸引眾多旅客至此，比起法蘭克福市區，遊客相對較少，因此也是許多當地人騎鐵馬或散步休閒的首選之一。

**1.**可搭渡船到對岸／**2.**赫斯特美茵河畔一景

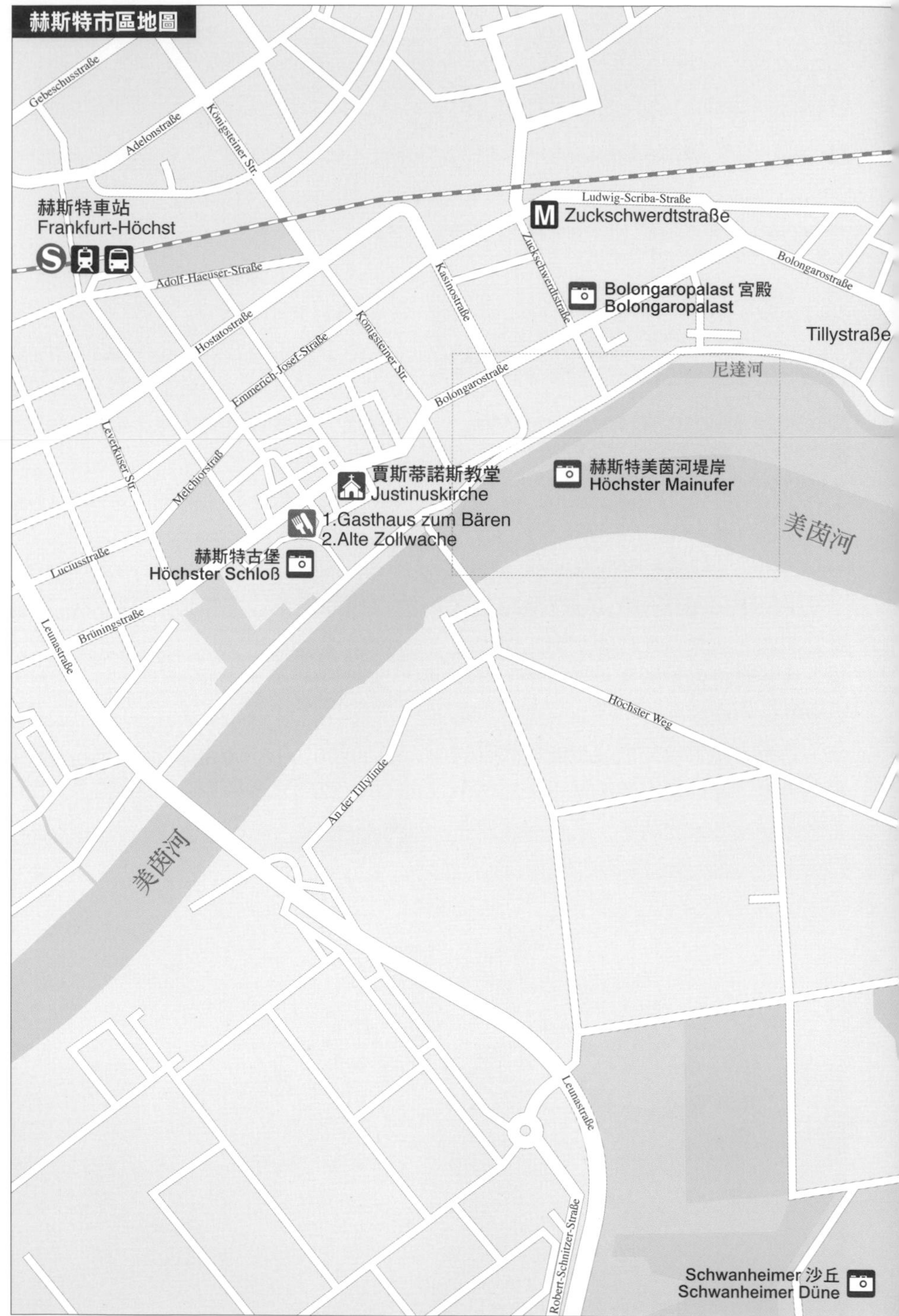
赫斯特市區地圖
Gebeschusstraße
Adelonstraße
Königsteiner Str.
赫斯特車站
Frankfurt-Höchst
Ludwig-Scriba-Straße
Zuckschwerdtstraße
Adolf-Haeuser-Straße
Kasinostraße
Zuckschwerdtstraße
Bolongarostraße
Bolongaropalast 宮殿
Bolongaropalast
Tillystraße
Hostatostraße
Emmerich-Josef-Straße
Königsteiner Str.
Bolongarostraße
尼達河
Leverkuser Str.
Melchiorstraß
賈斯蒂諾斯教堂
Justinuskirche
赫斯特美茵河堤岸
Höchster Mainufer
1.Gasthaus zum Bären
2.Alte Zollwache
美茵河
Luciusstraße
赫斯特古堡
Höchster Schloß
Brüningstraße
Leunastraße
Höchster Weg
An der Tillylinde
美茵河
Leunastraße
Robert-Schnitzer-Straße
Schwanheimer 沙丘
Schwanheimer Düne

# Schwanheimer沙丘

Schwanheimer Düne

## 風蝕冰河時期的沙丘

✉Schwanheimer Düne, 60529 Frankfurt am Main｜🕑全年開放｜$免費參觀｜➡從法蘭克福搭S1或S2至Höchst Bahnhof，轉乘51號公車至Schwanheimer Friedhof，下車步行約10分鐘即抵目的地，總路程約40分鐘｜⌛建議停留20分鐘｜http www.frankfurt-tourismus.de｜MAP P.156

Schwanheimer沙丘，是歐洲爲數不多的內陸沙丘之一，因爲第四紀冰河時期地球氣候的轉變，大地改變了大氣環流，冰緣密度大的強風經過幾萬年的光陰，不斷地吹襲美茵河床，而漸漸形成這見證地球歷史的沙丘，日復一日，年復一年，沙丘表面漸漸生長出一片森林，在歐盟動植物棲息地法令下，沙丘成爲法蘭克福綠環帶裡的自然保護區。

這裡仍保有相當罕見珍貴的植物生態，對植物、大地生態有興趣的遊客，不妨來此觀察天地自然的奧祕。

旅行小抄

### 保護區小叮嚀

綠地保護中心告示，為了永久保護這塊自然保護區，遊客僅能在人工步道上行走，提醒來此遊玩人們遵守當地的規定。

僅能在規畫步道上行走

1.自然放牧在沙丘附近的羊群／2.風蝕沙丘與典型的植被

# Bolongaropalast宮殿

## Bolongaropalast

### 典雅的巴洛克宮殿

🖂Bolongaropalast, 65929 Frankfurt am Main | 🕒全年開放 | $免費參觀 | ➡從法蘭克福搭S1或S2至Höchst，下車步行約10分鐘即抵目的地，總路程約25分鐘 | ⌛建議停留15分鐘 | http www.frankfurt.de | MAP P.156

定居赫斯特的菸草貿易商Josef Maria Markus Bolongaro與Jakob Philipp Bolongaro於西元1772～1775年間，建造了這座巴洛克風格般典雅的馬蹄形建築。Bolongaropalast室內裝飾富麗堂皇：奢華的鏡牆、雅致的天花板畫、精緻的鑲木地板以及當地著名瓷器打造的火爐。宮殿外圍，則是兩邊設計對稱的美麗園景庭院，中間建有一座高雅的花園噴泉，賦予整座宮殿與庭園古典優雅的氣息。昔日這所宮殿也是軍隊的駐地，例如拿破倫一世(Napoléon Bonaparte)就曾經駐軍在此。今日的Bolongaropalast為市政廳的一部分，而赫斯特市長經常在此舉辦演講。

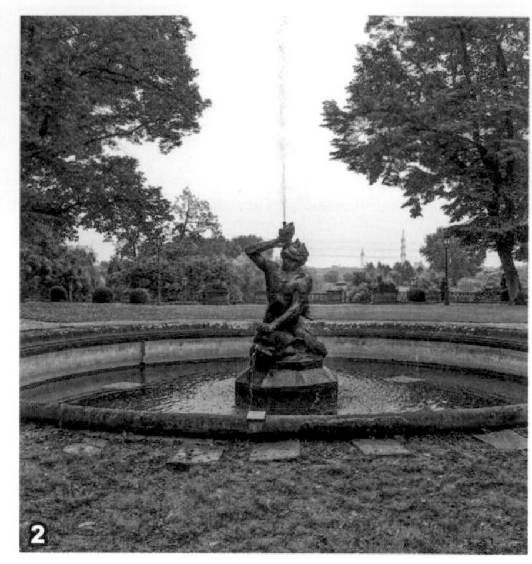

1.夏天花朵美麗盛開的Bolongaropalast (圖片提供／© Frankfurt Tourist+ Congress Board, Photo: Holger Ullmann) / 2.冬天花草凋零時的花園噴泉一景

# 赫斯特古堡
Höchster Schloß

## 昔日大主教之官邸

✉Höchster Schloßpl. 16, 65929 Frankfurt am Main | ⏲全年開放 | $免費參觀 | ➡從法蘭克福搭S1或S2至Höchst Bahnhof，下車步行約6分鐘即抵目的地，總路程約20分鐘 | ⌛建議停留15分鐘 | http www.frankfurt-tourismus.de | MAP P.156

建於14世紀的赫斯特古堡（Alte Schloß），外圍有一道哥德式城堡關口與巴洛克式的譙樓（遙望臺），在中世紀時，只要船隻過河，就得經過關口繳費，而譙樓的功用也是觀察敵軍是否來襲。因此古堡的當時功用，是為這座城市增收不少關稅收入與防禦外來敵軍。此外，建於文藝復興時期的古堡，昔日也曾是美茵茨大主教的官邸，然而過去因為30餘年的戰爭，古堡難逃一劫，滿目瘡痍；因此16世紀於古堡西翼又新蓋一座新城堡（Neue Schloß）。現今，兩座城堡是赫斯特的城鎮焦點，自1957年來每年都在此舉辦赫斯特城堡節（Höchster Schloßfest）。

1.赫斯特古堡正門口／2.黑森邦旗幟飄揚空中，與赫斯特古堡相互映的美麗夏日藍天／3.赫斯特新城堡，從後花園拍攝一景

# 賈斯蒂諾斯教堂
Justinuskirche

## 法蘭克福最古老教堂

Justinusplatz 3, 65929 Frankfurt am Main | 4～10月：週二～日14:00～17:00，11～3月：週六～日14:00～16:00 | 免費參觀 | 從法蘭克福搭S1或S2至Höchst Bahnhof，下車步行約6分鐘即抵目的地，總路程約20分鐘 | 建議停留15分鐘 | www.justinuskirche.de | MAP P.156

這座坐落於老城區東翼的賈斯蒂諾斯教堂(Justinuskirche)，是由統治法蘭克王國的卡洛林王朝(Karolingi)所建造，爲法蘭克福現存最古老的教堂。此教堂歷史，最早可追溯到西元830年間，如同歐洲各地的教堂建築史，教堂的建造是經過每個世紀一點一滴的擴增，一直到西元1441年，才完成如今呈現的哥德式聖所。

相較於法蘭克福大教堂的宏偉高聳，教堂貌似不起眼，但走進教堂仔細研究每根圓柱，圓柱頭端完整保存卡洛林王朝當時的石雕，迄今已跟隨著世人共度上千年的歷史，著實爲相當古老的歷史古蹟。

1.教堂後方的植物藥草花園 / 2.哥德式建築特色之肋狀拱頂的聖殿 / 3.既神聖又古老的賈斯蒂諾斯教堂

知識充電站

### 卡洛林王朝小檔案

卡洛林王朝又譯加洛林王朝，西元751年矮子丕平建立統治法蘭克王國的王朝(Regnum Francorum)，在當時是中歐的大國，並在查理曼(查理大帝，也是撲克牌上紅心K的人物)統治時期達到頂峰。查理曼死後，王朝分裂為三：西、中、東法蘭克王朝，其中東法蘭克王朝即日後的神聖羅馬帝國，這也使得卡洛林王朝為後人印象最深刻的法蘭克王朝。法蘭克王朝的統治範圍，即今天的法國、德國和荷蘭、比利時、盧森堡等國。

·深·度·特·寫·

# 保留中世紀風情的赫斯特

西元790年，法蘭克人大地主贈送了一塊莊園給修道院，這是赫斯特最早出現於史料的記載，且當時城市名非Höchst，而稱作Hostat，所述該城市位處高地的位置(德文Höch是高的意思)。由於美茵河(Main)與尼德河(Nied)流經赫斯特，因此在中世紀時，所有經過的船隻都必須向城市繳過路費，有如此天然的堡壘，也是羅馬人曾在此駐軍的原因之一。

從渡口上岸，一定會先經過城堡前的幽徑石子巷；想進城，就得先向海關繳納關口稅；若欲在城裡過夜的旅客，可下榻於城門前的客棧。廣場前尚保有一座老井，現在雖已封死，但仍可想像當時民眾取水的景象。而從城堡廣場走進老城區裡，可見一整排保存完整的中世紀木桁架老房，整個城鎮的建築與文化歷史，就如同歐美電視劇《權力的遊戲》裡所描繪的市民生活百態。

另外，若看過電影《朝聖之路》(The Way)，就知道歐洲有條朝聖之路(Camino de Santiago)非常有名。這條長約800公里的路段，是虔誠的教徒欲前往耶穌愛徒雅各(Saint James the Great)被殺墳墓前的悼念之路。在中世紀時，赫斯特裡最古老的賈斯蒂諾斯教堂(Justinuskirche)，就是教徒行朝聖之路必經過的教堂之一，這也是為什麼這座城市如此迷人。今日的赫斯特以化學工業出名，殊不知在中世紀時，它可是有許多歷史文化故事呢！

**1.**Lindenviertel區的中世紀老房／**2.**昔日中世紀時期的妓女巷(Rossengase)／**3.**城堡關口與客棧一景／**4.**古堡與新堡間的幽林小徑

# 威斯巴登
# Wiesbaden

威斯巴登除了是德國黑森邦的首府，也是居法蘭克福後的第二大城市。
於19世紀時，這裡是世界著名的溫泉療養之城，深受德國皇帝威廉二世青睞。
威斯巴登的市中心，在第二次世界大戰中倖免於無情的戰火，
因此完善保存古典主義、歷史主義與青年主義的建築風格，
也是許多富人居住於此的原因之一。

# 熱門景點

從法蘭克福中央車站(Hauptbahnhof)搭乘S1、S9、RB10等火車至Wiesbaden Hauptbahnhof中央火車站｜http www.wiesbaden.de

## 黑森州國家劇院
Hessisches Staatstheater Wiesbaden

**藝文愛好者的必訪去處**

Christian-Zais-Straße 3, 65189 Wiesbaden｜+49 (0) 611 132-325｜週一～五10:00～19:30，週六10:00～14:00，週日與國定假日11:00～13:00｜$依節目而定｜從法蘭克福搭RB10至Wiesbaden，轉乘1號公車至Wiesbaden Kurhaus／Theater，下車步行約150公尺即抵目的地，總路程約50分鐘｜建議停留10分鐘｜http www.staatstheater-wiesbaden.de｜MAP P.164

位在療養大樓旁的黑森州國家劇院，由於19世紀時，德國皇帝威廉一世(Wilhelm I)喜愛來此做水療，因此有了興建歌劇院的念頭。當年由維也納建築設計團隊打造這座新文藝復興歌劇院建築，豪華洛克克風的劇場休息廳，是後來於1902年擴建的部分。從興建好之始，皇帝威廉一世要求國家劇院定期上演歌劇、話劇、音樂與芭雷舞的劇目，傳襲至今更延伸了當代文學的戲劇等。

而流傳百年歷史的威斯巴登5月國際藝術節，則是劇院最重要的活動之一。每年此時，世界各地音樂與戲劇界著名的演員會來此演出。多功能的黑森邦國家劇院，集歌劇院、交響樂、話劇院、青少年話劇、芭蕾舞、實驗劇場、藝文朗誦等等於一體，這裡是藝文愛好者或表演者發掘迷人世界的天堂。

**1.**內飾富麗堂皇劇院大廳 (圖片提供／© Hessisches Staatstheater Wiesbaden/ Photo: Sven-Helge Czichy)／**2.**高朋滿座聆聽歌劇的觀眾 (圖片提供／© Hessisches Staatstheater Wiesbaden/ Photo: Karl Forster)／**3.**文藝復興時期建造的黑森州國家劇院 (圖片提供／© Hessisches Staatstheater Wiesbaden)

威斯巴登市區地圖
東正教教堂
Russisch-Orthodoxe Kirche
1888內奧山纜車
Nerobergbahn
英式庭園
Nerotal-Anlagen
Weinbergstraße
Fresenіusstraße
Händelstraße
Richard-Wagner-Straße
Kapellenstraße
Liebigstraße
Idsteiner Str.
Gluckstraße
Galileistraße
Platter Str.
Nerotal
Thorbergweg
Rosselstraße
Königstuhlstraße
Wilhelminenstraße
Johannes-Maaß-Straße
Thomaestraße
Schumannstraße
Dambachtal
Thorwaldsenanlage
Stiftstraße
Taunusstraße
Geisbergstraße
Schöne Aussicht
Weilstraß
Nerostraße
Feldstraße
Lehrstraße
Rothstraße
Schaperstraße
Kastellstraße
Prinzessin-Elisabeth-Straße
柯赫噴泉
Kochbrunnen
Riederbergstraße
Walkmühlstraße
Platter Str.
自然教育中心
Tier- und Pflanzenpark Fasanerie
Sonnenberger Str.
威斯巴登賭場
Casino Wiesbaden
威斯巴登療養公園
Kurpark
Coulinstraße
Emser Str.
Parkstraße
黑森州國家劇院
Hessisches Staatstheater Wiesbaden
集市教堂
Marktkirche Wiesbaden
Wilhelmstraße
Steubenstraße
Hellmundstraße
Schwalbacher Str.
Paulinenstraße
威廉姆大街
Wilhelmstraße
Friedrichstraße
Bierstadter Str.
Frankfurter Str.
Luisenstraße
Dotzheimer Str.
威斯巴登博物館
Museum Wiesbaden
Rheinstraße
Friedrich-Ebert-Allee
Adelheidstraße
往威斯巴登車站
Wiesbaden Hauptbahnhof

Wiesbaden

# 英式庭園
## Nerotal-Anlagen

**至英式庭園尋幽探勝**

✉Kochbrunnenplatz, 65183 Wiesbaden | 🕒全年開放 | $免費參觀 | ➡從法蘭克福搭RB10至Wiesbaden，轉乘1號公車至Wiesbaden Krieger-denkmal，下車步行約500公尺即抵目的地，總路程約1小時 | ⌛建議停留15分鐘 | http www.wiesbaden.de | MAP P.164

同屬英式庭園風格設計典範的Nerotal-Anlagen，是當地一座非常漂亮的休閒公園。於1897～1898年間建造，占地約5.7公頃的綠地，種滿來自世界各地近6,000株的植物，因此當地人亦稱它爲「植物園」(Botanischer Garten)。Nerotal-Anlagen被一棟接著一棟的豪華別墅圍繞著，而黑森州主要支流Schwarzbach，流入公園各座石橋後再穿越整座城市，寧靜清幽的環境，是當地人散步、跑步的休憩地。

公園自1985年被列爲歷史古蹟，首府陸續也增設多座與城市息息相關歷史紀念碑，譬如地質學家Carl Koch，他當時致力解決威斯巴登供水問題，最後當地建造一座榮譽紀念碑，以緬懷他的偉大貢獻。另尚有德國政治家俾斯麥(Bismarck-Denkmal)、德國詩人弗雷德里奇·馮·波登施泰德(Friedrich von Bodenstedt)等，都曾爲這座城市偉大付出。

**1.**Nerotal-Anlagen的秋天風貌／**2.**公園內的瑞士小屋／**3.**林園造景的石橋

# 威斯巴登賭場
## Casino Wiesbaden

### 德國古老的賭場之一

Kurhausplatz 1, 65189 Wiesbaden | +49 (0) 611 536-100 | 博弈自動機台：週一～日12:00～04:00，傳統博弈：週日～二14:45～03:00、週五～六及節假日14:45～04:00 | 免費參觀，入內視個人消費 | 從法蘭克福搭RB10至Wiesbaden，轉乘1號公車至Wiesbaden Kurhaus / Theater，下車步行約300公尺即抵目的地，總路程約1小時 | 18歲以上才可進入 | 建議停留10分鐘 | www.spielbank-wiesbaden.de | MAP P.164

位於威斯巴登療養公園內的威斯巴登賭場，是德國古老的賭場之一，亦是全球最古典優雅的賭場之一。從1771年開始營運，無論是加冕的皇帝候群、音樂家、文學家，都紛紛爲賭場魅力所吸引，前往威斯巴登賭場一試自己的手氣。其中最著名的一位，爲當時的俄羅斯作家，杜斯妥也夫斯基（Fyodor Mikhailovich Dostoyevsky），1865年時，他的生活觸礁，當時希望透過賭博來還清債務，沒想到卻輸個精光，積欠更多債務，於是他把自己的這段經歷，寫成了著名的小說《賭徒》。

時至今日，賭場仍保留當時讓杜斯妥也夫斯基瘋狂下注的輪盤，供大家參觀。賭場本身也經歷了許多的變化，現在的賭場即設在療養大樓的葡萄酒大廳裡，以豪華典雅的櫻桃木裝修室內，特顯賭場的富麗堂皇，除了法式和美式輪盤賭以外，還有黑傑克和撲克等。

2001年於增療養大樓旁的柱廊大廳裡設置220台自動博彩機廳。想一賞賭場情景的旅客，也可經過大廳感受一下賭場的迷人魅力，未必得砸下大筆銀兩才能欣賞這賭場風貌。

**1.**威斯巴登賭場入口處 / **2.**古典優雅的大廳 / **3.**傳統賭場入口處

# 1888內奧山纜車
Nerobergbahn

## 德國僅存的水動力纜車

Wilhelminenstraße 51, 65193 Wiesbaden | +49 (0) 611 2368-500 | 4月10:00～19:00，5～8月09:00～20:00，9～10月10:00～19:00 | 單程成人票€3.5，來回兒童票€1.75，15歲以下兒童免費 | 從法蘭克福搭RB10至Wiesbaden，轉乘1號公車至Wiesbaden Nerotal，下車步行約6分鐘即抵目的地，總路程約1小時 | 建議停留20分鐘 | www.eswe-verkehr.de/nerobergbahn | MAP P.164

連接威斯巴登與內奧山頂的內奧山纜車，自1888年營運迄今，已有百年的歷史，也是德國境內唯一保存下來的水力纜車。內奧山纜車利用水利推動技術，順應山勢的地形，纜車可從25度的山谷底，透過水動力學的原理，將山頂上的纜車注滿水後，山腳的車廂就會以每小時7.3公里被拉向245公尺的山頂。根據德國黑森邦文物保護法，該水動力原理的纜車技術，已被列爲技術文化遺產，因此每年吸引了25萬名遊客來此朝聖，欣賞美不勝收的山頂美景。

搭內奧山纜車至山頂的下車地點

# 威斯巴登療養公園
Kurpark

## 威斯巴登最美的英式庭園

Kurpark, 65193 Wiesbaden | +49 (0) 611 1729-100 | 5～9月05:00～23:00，10～4月05:00～20:00 | 免費參觀 | 從法蘭克福搭RB10至Wiesbaden，轉乘1號公車至Wiesbaden Kurhaus/Theater，下車步行約300公尺即抵目的地，總路程約1小時 | 建議停留20分鐘 | www.wiesbaden.de/kurpark | MAP P.164

占地有7.5公頃大的庭園綠地，位在著名的療養大樓(Kurhaus)後方，在1852年，以英式庭園風格打造這休閒憩地，公園內種滿了木蘭、杜鵑與松柏等各種花草樹木，在春天、夏天與秋天呈現每個生命階段的美麗。

著名地標療養大樓(Kurhaus)

園內有一袖珍人工島湖，湖面還設有一座6公尺高的噴泉，人們愜意的在湖上泛舟，將眼前湖光美景收進眼裡。

療養大樓充滿了路易十六時期的法國風情，儘管在第二次大戰的一次空襲中，幾近摧毀，但後人根據建築設計師弗里德里希．提爾希(Ferdinand Hey'l)的建築設計圖，進行大規模的修復，如今療養大樓成爲人們舉辦主題展覽、豪華宴會或盛大舞會的多功能大樓。

# 東正教教堂
## Russisch-Orthodoxe Kirche

### 金碧輝煌的俄羅斯教堂

Christian-Spielmann-Weg 2, 65193 Wiesbaden ｜ +49 (0) 611 528-494 ｜ 1～3月10:00～16:00，4月10:00～17:00，5～10月10:00～18:00，11～12月10:00～16:00 ｜ 免費參觀 ｜ 從法蘭克福搭RB10至Wiesbaden，轉乘1號公車至Wiesbaden Nerobergstraße，下車步行約650公尺即抵目的地，總路程約1小時 ｜ 建議停留10分鐘 ｜ http www.wiesbaden.de ｜ MAP P.164

**位**於威斯巴登內奧山(Neroberg)的俄羅斯東正教教堂，全名爲Russisch-Orthodoxe Kirche der heiligen Elisabeth，是首府最亮眼珍貴的神聖教堂。19世紀時，當時歐洲權貴拿騷家族的阿道夫公爵(Herzog Adolf von Nassau)與俄羅斯大親王Michael Romanow的女兒Jelisaweta Michailowna結爲連理，然而妻子在結婚後隔年，即懷著身孕逝世，公爵悲痛妻子的早逝，因而爲她建造這座絕美的教堂，以示懷念。

負責建造教堂的菲利普．霍夫曼(Philipp Hoffmann)，在接到此任務後，即前往俄羅斯參訪許多知名建築，最後以莫斯科救世主大教堂爲藍圖，仿效建造了威斯巴登俄羅斯東正教教堂。

**1.**金碧輝煌的俄羅斯東正教教堂／**2.**爬上山林小徑至Nerobergtemple，可以一望無際整個威斯巴登

# 威廉姆大街
## Wilhelmstraße

### 城市最寬敞的林蔭大道

Wilhelmstraße, 65193 Wiesbaden ｜ 全年開放 ｜ 免費參觀 ｜ 從法蘭克福搭RB10至Wiesbaden，轉乘1號公車至Wiesbaden Wilhelmstraße，下車即抵目的地，總路程約45分鐘 ｜ 建議停留20分鐘 ｜ http www.wiesbaden.de ｜ MAP P.164

**造**訪威斯巴登首府，必按圖索驥來到威廉姆大街(Wilhelmstraße)。它是市中心的聚光燈焦點，是威斯巴登最寬敞的林蔭大道。在大街東翼有綠草如茵的瓦爾姆達姆公園(Warmer Damm)，再往前些，有一座如白宮建築的別墅，是1906年酒廠主人爲美國妻子而建造的宋萊．

帕斯別墅(Villa Söhnlein-Pabst)。

威廉姆大街聚集眾多高級專賣店與高檔家具店，而威斯巴登重要的療養大樓(Kurhaus)、黑森邦國家劇院(Hessisches Staatstheater Wiesbaden)、威斯巴登工會與賭場等等，都在這條代表性的大街上。此外，每年6月的第二個週末，威廉姆大街會舉辦德國規模最大的街頭嘉年華遊行(Wilhelmstraßenfest)，每次估計吸引25萬人次前往共襄盛舉。

**1.**威廉姆大街景點指標／**2.**威斯巴登最寬敞的林蔭大道，威廉姆大街一景

## 自然教育中心
### Tier- und Pflanzenpark Fasanerie
**親子同樂的森林大地**

Wilfried-Ries-Straße 22, 65195 Wiesbaden | +49 (0) 611 409-077-0 | 11～3月09:00～17:00，4～10月09:00～18:00 | 免費參觀 | 從法蘭克福搭RB10至Wiesbaden，轉乘33號公車至Wiesbaden-Klarenthal Tierpark Fasanerie，下車步行約100公尺即抵目的地，總路程約1小時5分 | 建議停留50分鐘 | www.wiesbaden.de/fasanerie | MAP P.164

占地23公頃的Fasaneri自然教育中心(Tier- und Pflanzenpark Fasaneri)位在威斯巴登西北邊的市郊外，由威斯巴登州府公營，提供免費入園，讓大人與小孩可隨時來這塊森林大地嬉戲。在這塊綠地，政府飼養了約40種各式野生家禽與動物，每日11點，還可近距離親自餵食野狼、大熊、山貓。園區另設有美麗又異國情調的植物園，讓大人可遠離喧囂，沉浸在自然寧靜的景觀之中。這裡還設有兒童樂園，讓小孩自由自在徜徉在大自然的懷抱裡，玩累了亦可在園區內野餐，是非常受當地人喜愛的獨家景點。

**1.**小孩可與野生家禽動物近距離互動／**2.**園區內亦種有逾百歲的北美紅衫，紅衫可是世界長最高的植物／**3.**自然教育中心入口處

# 集市教堂
## Marktkirche Wiesbaden
### 紅磚砌成的宏偉教堂

Schloßpl. 4, 65183 Wiesbaden｜+49 (0) 611 900-1613｜週二～五14:00～18:00，週六10:00～11:30、12:00～14:00，週日14:00～17:00｜免費參觀｜從法蘭克福搭S8或S9至Wiesbaden，轉乘14號公車至Wiesbaden Dernsches Gelände，下車步行約250公尺即抵目的地，總路程約1小時｜建議停留15分鐘｜www.marktkirche-wiesbaden.de｜MAP P.164

位於威斯巴登州府的集市教堂(Marktkirche)，是當地基督新教的主要教堂。教堂建置於1853～1862年間，建築設計師卡爾・博斯(Carl Boos)利用紅色磚材，砌成新哥德式風格教堂，該風格特色為拱頂高聳削瘦，光集市教堂主鐘樓就高達98公尺，是當時威斯巴登最高的教堂建築。教堂鐘樓以外的建築，也近60公尺高，如此卓越的建築技術，表現出其既浪漫亦崇高的強烈情感，該教堂為拿騷公國最大的磚砌建築，因此也稱為「拿騷大教堂」(Nassauer Landesdom)。

今日的集市教堂，雖然在世界二次大戰遭受部分損毀，但基本仍保持當年的原貌，修復之後的教堂於1949年重新啟用，並且為教堂中部的窗戶，新建彩畫玻璃。教堂鐘樓的鍾琴，是黑森州最大的鍾琴，由49個銅鐘組合而成，每日仍準時依鍾譜奏響，洪亮悅耳的琴聲，響徹整座城市。

**1.**集市教堂宏偉高聳的外觀／**2.**教堂內莊嚴的氛圍／**3.**黑森州最大的鍾琴／**4.**當時一磚一瓦雕花又堆砌的人工技術

# 柯赫噴泉
Kochbrunnen

**具有療效的千年噴泉**

Kochbrunnenplatz, 65183 Wiesbaden｜全年開放｜免費參觀｜從法蘭克福搭RB10至Wiesbaden，轉乘1號公車至Wiesbaden Webergasse，下車步行約150公尺即抵目的地，總路程約55分鐘｜建議停留5分鐘｜www.wiesbaden.de｜MAP P.164

早在兩千年前，古羅馬人就知道，位在威斯巴登26個的溫(湧)泉點，能夠帶給人們神奇的水療效果。如今的威斯巴登，以水療之城的美名享譽全世界，吸引當地及世界各地的遊客，前往這座溫泉浴場城市。而鄰畔於老城區旁的柯赫溫泉(Kochbrunnen)與柯赫噴泉(Kochbrunnenspringer)，由於富含氯化鈉，能幫助腸胃消化，自19世紀始，即是威斯巴登醫療泉水，也是該城市最著名的溫泉。

溫泉沸水井的熱度約66.1°C，每分鐘約噴湧360公升的泉水。若站在溫泉旁，可以聞到帶有微弱的硫化氫氣味，硫化氫泉水與空氣接觸24小時之後，會呈現微黃的混濁現象。此外，其高碳酸與氧化金屬的成分，亦使噴泉周圍留下紅色的礦物質。

柯赫噴泉供旅客直接飲用，不過味道卻令人非常難以下嚥，所以人說良藥苦口，並非無道理啊！

**1.**具健康療效的柯赫溫泉／**2.**柯赫溫泉小屋／**3.**熱氣騰騰的柯赫噴泉

# 呂德斯海姆
## Rüdesheim am Main

位於萊茵河畔，除了是聞名世界的葡萄酒鄉，亦被列為世界遺產之一。
綿延起伏的葡萄酒園與酒窖、蜿蜒陡峭的河谷，坐落在萊茵河東岸與
萊茵高山區邊緣的得天獨厚地理優勢，讓小鎮擁有獨樹一格如詩意般的美景。
老城區有一條長144公尺的狹長小巷，中文譯為「畫眉鳥巷」，
巷弄兩側皆是裝飾浪漫的小酒餐館與商店，充滿異國情趣。
每到葡萄豐收的產季，整個城鎮瀰漫著葡萄酒香，
造訪的旅客別忘了品嘗一杯甜美的葡萄酒。

# 熱門景點

➡從法蘭克福中央車站(Hauptbahnhof)搭乘RB10火車至Rüdesheim (Rhein) Bahnhof火車站 | http www.ruedesheim.de

## 德國機械樂器博物館
Siegfrieds Mechanischem Musikkabinett

### 來一場音樂饗宴

✉Oberstraße 29, 65385 Rüdesheim am Rhein | ☎+49 (0) 6722 49217 | 🕒週一～日10:00～16:00 | $成人票€7.5，兒童€4 | ➡從法蘭克福搭RB10至Rüdesheim(Rhein)Bahnhof，下車步行約500公尺即抵目的地，總路程約1小時20分 | ⌛若不參加導覽，建議停留15分鐘 | http www.smmk.de

此為德國首座收藏機械樂器最齊全的博物館。旅客於此探索18世紀時，這些傑出的發明家，如何以不同的機械與材質，譬如利用滾筒上的銅釘、捲軸的洞孔等等，將悅耳的音樂記載下來。博物館收藏了350多種的機械樂器，從精緻的音樂盒至機械式的管弦樂器等，館藏相當豐富。

旅客可在博物館聆聽早期發明家如何譜成一首歌，再利用機械原理奏出一首首唧唧喳喳的活潑小曲。相對於現今唾手可得的數位音樂文化，博物館將原始音樂文化的發展史，保存與維護得相當完整。

另外官網也提供約45分鐘由專人介紹的博物館導覽，旅客若有需要也可先行至官網預約。

**1.**利用捲軸的洞孔彈奏出美妙音樂 / **2.**機械音樂盒

(以上圖片提供 / © Rüdesheim Tourist AG, Photo: Marlis Steinmetz)

# 萊茵斯坦城堡
## Burg Rheinstein

**中古世紀的浪漫之旅**

Romantikschloß Burg Rheinstein, 55413 Trechtingshausen | +49 (0) 6721 6348 | 旺季：3/18～11/3 09:30～18:00；淡季：11/4～19，僅開放週六與週日12:00～16:00；聖誕浪漫古堡季：11/25～12/17，僅開放週六與週日12:00～20:00 | 淡旺季：成人票€5.50，5～14歲兒童票€3.5；聖誕季：成人票€7，6～14歲兒童票€5.5 | 從Rüdesheim(Rhein)搭乘郵輪，即抵目的地，總遊覽時間約1小時30分 | 建議停留30分鐘 | www.burg-rheinstein.de

萊茵斯坦城堡大約建造於西元13世紀左右，當時是作為關稅堡壘；然而在17世紀時，經過大同盟戰爭(又稱九年戰爭)後，城堡已成斷壁殘垣，直至19世紀，普魯士的弗雷德里克王子(Prinz Friedrich Wilhelm Ludwig)買下了這座城堡，並以當時盛行的浪漫主義風格將其重建。1975年，由Hecher家族收購並接手了萊茵斯坦城堡，世代繼承至今日。

Hecher家族開放城堡，迄今轉變成萊茵河谷著名的旅遊景點，讓旅客能夠參觀經過歷史洗刷後的古堡風貌，登上堡塔頂端欣賞萊茵河的浪漫風光，甚至在城堡的餐廳內享用豐盛美食。

縱使這座浪漫城堡位於呂德斯海姆對岸河邊的山上，旅客仍可搭乘郵輪，直接停靠城堡旁的棧橋處，登山步行即可抵達。

2

3

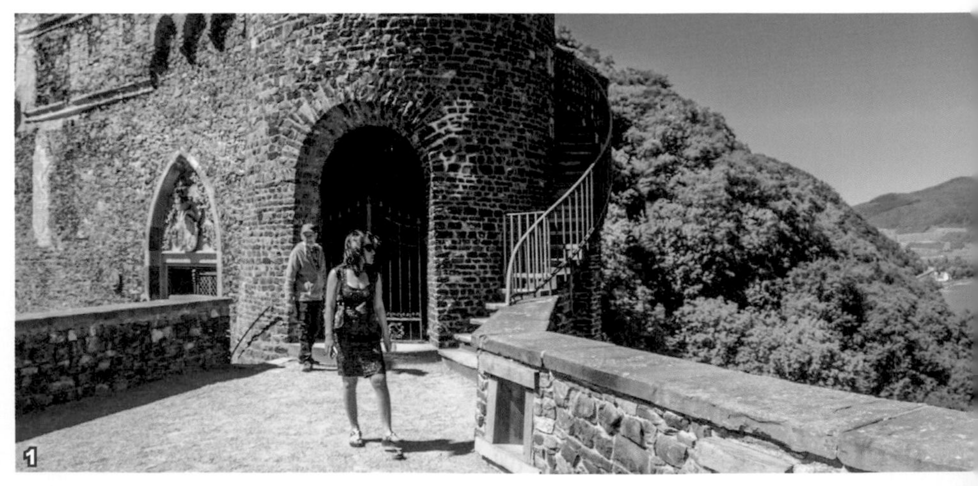
1

## 旅行小抄

### 最佳探訪城堡建議

若想充分覽城堡，可在呂德斯海姆的遊客中心購買浪漫萊茵與古堡之旅(Romantic Tour)或者古堡之旅(Castle Cruise)旅遊票。浪漫萊茵與古堡之旅遊票，還包含纜車等費用，只要預先規畫好行程，就能一日暢遊呂德斯海姆喔！

**呂德斯海姆旅遊中心(Rüdesheim Tourist AG)**
Rheinstraße 29a, 65385 Rüdesheim am Rhein | +49 (0) 6722 90615-0 | www.ruedesheim.de/en (選擇services→tourist-information)

萊茵河谷邊的浪漫古堡
(圖片提供 / © Rüdesheim Tourist AG, Photo: Marlis Steinmetz)

| | 遊覽季節 | 遊覽時間 | 遊覽價格 |
|---|---|---|---|
| **浪漫萊茵與古堡之旅(Romantic Tour)** | 3月中旬～11月初 | 5小時 | €18 |
| **古堡之旅(Castle Cruise)** | 3月底～10月底 | 1小時30分 | €11.5 |

**1.**天氣好的時候，可以從城堡俯瞰一望無際的河景 / **2.**夏季花朵盛放時的古堡，更為浪漫 / **3.**遊客都為這美不勝收的美景多停駐了一會兒 / **4.**城堡附設餐廳亦提供當季食材佳肴，每樣都新鮮又美味 / **5.**萊茵斯坦古堡夜景 (圖片提供 / © Rüdesheim Tourist AG, Photo: Marlis Steinmetz) / **6.**冬季時的郵輪一景 (圖片提供 / © Rüdesheim Tourist AG, Photo: Karlheinz Walter)

# 聖赫德嘉修女修道院
## Benediktinerabtei St. Hildegard
### 遠離塵囂的世外桃源

✉Klosterweg, 65385 Rüdesheim am Rhein ｜ ☎+49 (0) 6722 499-0 ｜ 🕘商店：週一～六09:30～17:00，週日與節假日14:00～17:00 ｜ $ 免費參觀 ｜ ➡從法蘭克福搭RB10至Rüdesheim (Rhein)Bahnhof，轉乘171路公車至Rüdesheim (Rhein)Winzerweg，下車步行約1公里，即抵目的地，總路程約1小時50分 ｜ ⌛建議停留20分鐘 ｜ http www.abtei-st-hildegard.de

追溯歷史紀錄，聖赫德嘉修女修道院最早是由德國中世紀著名神學家與哲學家——赫德嘉修女(Hildegard von Bingen)於1165年所創建的，修道院曾因德國教會世俗化運動而被廢除，現今的修道院樣貌則是在1904年重建，前後經過將近900年的歷史。

聖赫德嘉修女修道院是本篤會的修道院教會，是屬於天主教的隱修會，修道生活著重祈禱、日常工作與研讀，講求兼顧精神與物質，但絕不過度勞動。前往聖赫德嘉修女修道院的小徑上，外圍是滿滿的葡萄田園，栽植萊茵最好的葡萄品種，才能釀造出該河谷著名的雷司令酒(Riesling)，或是甘露可口的氣泡酒(Sekt)等。

秉持著本篤會教規，信徒早期需手抄古代作品，以保存文物，因此迄今偌大的修道院內設有一座圖書館與工作坊。

修道院亦提供膳食住宿，提供對前途感到迷惘的人們，在這裡尋找自己心靈平靜的天地。歷經文化洗禮的修道院，自2002年起，也被聯合國納入世界文化遺產之一。

**1.**修道院外夏季綻放的向日葵／**2.**修道院入口／**3.**採收葡萄的修女們
(以上圖片提供／© Rüdesheim Tourist AG, Photo: Karlheinz Walter)

# 畫眉鳥巷
## Drosselgasse

**浪漫滿點的狹長小巷**

Dosselgasse 1, 65385 Rüdesheim am Rhein | +49 (0) 6722 90 615-0 | 全年開放 | 免費參觀 | 從法蘭克福搭RB10至Rüdesheim (Rhein)Bahnhof，下車步行約500公尺即抵目的地，總路程約1小時20分 | 建議停留20分鐘 | www.drosselgasse.de

來到呂德斯海姆這座酒鄉，絕不能錯過這條經典的狹長小巷，144公尺長的巷弄，最窄處卻僅2公尺，儘管如此，狹長小巷兩側卻開滿了小酒餐館、酒莊、特色商店，這條小巷可說是小鎮最歡樂與最浪漫的巷弄。

鮮花點綴每個餐館，古老酒莊外，長滿了葡萄藤蔓，夕陽斜映的玫瑰色彩，讓小鎮特別浪漫溫柔。尤其是聖誕節慶時分，巷弄甚是擁擠，仍盛著滿滿的紅色歡樂，笑容洋溢在每個旅人的臉上。小巷間的許多小酒餐館，日日皆有樂隊現場表演，還有熱情的人們，於表演台上即興彈唱、與身旁伴侶相擁熱舞，好不熱鬧。

畫眉鳥巷，如其名般，將歌聲悠揚傳播至每個角落，令人無法抵擋這迷人的斑鳩小巷。

1.遊客如織的畫眉鳥巷 (圖片提供 / © Rüdesheim Tourist AG, Photo: Karlheinz Walter) / 2.畫眉鳥巷標誌

# 呂德斯海姆纜車
## Seilbahn Rüdesheim
### 登山纜車飽覽河谷美景

✉Oberstraße 37, 65385 Rüdesheim am Rhein｜☎+49 (0) 6722 2404｜🕘由於營運時間每月皆不盡相同，建議旅客出發前先行官網查詢｜$成人票€8，兒童€4｜➡從法蘭克福搭RB10至Rüdesheim(Rhein)Bahnhof，下車步行約500公尺即抵目的地，總路程約1小時20分｜⌛建議停留10分鐘｜http www.seilbahn-ruedesheim.de

象徵德國自由女神的紀念碑，自建造以來吸引各地遊客前往朝聖，於是自1884年開始規畫上山纜車的軌道，迄今營運數10年，每年依舊人潮眾多。遊客中心除了提供山上的行程外，也提供呂德斯海姆的一日遊城市導覽(Die Ringtour)與萊茵河浪漫行(Die Romantik-tour)兩種觀光日票，跟著當地行家規畫，從帝國紀念碑徒步遊走葡萄田園間、搭乘遊輪造訪不同城堡等，將這河谷城市的美景，一一網羅在記憶中。

**1.**乘坐纜車欣賞整片葡萄園與河谷美景／**2.**若選擇徒步，也別有風貌／**3.**乘坐纜車上山去看德國自由女神的紀念碑

# 尼德瓦爾德紀念碑

Niederwalddenkmal

## 德法戰爭與和平的象徵

Oberstraße 29, 65385 Rüdesheim am Rhein | +49 (0) 6722 49217 | 全年開放 | 免費參觀 | 從法蘭克福搭RB10至Rüdesheim(Rhein) Bahnhof，下車步行約500公尺即抵目的地，總路程約1小時20分 | 建議停留20分鐘 | www.niederwalddenkmal.de

到呂德斯海姆的山上，有座高達28公尺，傲然屹立的尼德瓦爾德紀念碑，是紀念1870～1871年德法戰爭與德意志帝國的重建，因此又稱帝國紀念碑。紀念碑最上方是象徵德意志帝國自由與和平的女神——日耳曼妮婭(Germania)，左握象徵權力的刀劍，劍上的麻樹枝意味著和平，右手高舉失而復得的帝國王冠。

女神座下方的浮雕，中間騎著駿馬的是普魯士國王威廉一世(Wilhelm I)，當年率領將軍與首領勇戰普法戰爭一景，浮雕也象徵他們是萊茵河這片土地的守護者；浮雕左邊，是吹著勝利號角的守護者，也意味著戰爭血流成河後，終究勝利的結束；而右方戴橄欖枝花冠的天使，再度強調著整個紀念碑主題：和平。於是，如此富有文化歷史涵義的德國自由女神紀念碑，於2009年被列入聯合國世界文化遺產之一。

### 旅行小抄

**如何踏上世界文化遺產的山頂**

旅客到山頂觀賞紀念碑，與飽覽萊茵河谷美景方式有三，一為自駕上山、二為徒步登山，三為最輕鬆的方式，搭纜車上山。若選擇自駕旅客，於導航輸入Niederwalddenkmal為導航目的地，倘若徒步登山，耗時較久，最建議抵達目的方式，為搭纜車上山，方便也快速。

沿途登至山頂的葡萄田園景色
(圖片提供 / © Rüdesheim Tourist AG, Photo: Karlheinz Walter)

1.列入世界遺產的自由女神紀念碑認證 / 2.傲然屹立的Niederwalddenkmal夜景 (圖片提供 / © Rüdesheim Tourist AG, Photo: Marlis Steinmetz)

# 葡萄酒品酒主題之旅

萊茵高河谷地區的葡萄酒，深受葡萄酒鑑賞家的青睞，譽有「世界最重要葡萄種植區」，以及「萊茵河畔最優質的葡萄酒種植地」之美名。一片片葡萄植株往南向陽的優越地理氣候，充分吸收萊茵河反射陽光所產生之熱量，而山背完整擋住陶努斯山脈的北下寒風，如此得天獨厚的環境優勢，使萊茵高地區的葡萄酒聲名遠播，尤其該產地的雷司令(Riesling)，金黃色酒體，含馥郁果香，是頂級雷司令的重要產區。

由於酒鄉文化的背景，呂德斯海姆特別規畫品酒主題旅遊，讓旅客了解葡萄酒釀造的過程，以及酒農們的辛勞，與此同時也能了解葡萄酒專業的知識。

2

呂德斯海姆旅遊中心推出兩種主題旅遊：一為漫步品酒、二為漫步葡萄酒莊園。旅客皆可在當地遊客中心購買所需主題旅遊行程。

## 可搭纜車登尼德瓦爾德紀念碑

在享受萊茵河谷無與倫比的景色同時，你也在前往德國優質的酒莊——

1

Berg's Vinothek。山坡上的頂級葡萄植株，吸收了石板岩土壤的精華。品嘗完山上頂級葡萄酒後，再搭乘郵輪回呂德斯海姆，繼續品酒漫步之旅。結束後亦可將葡萄酒杯留作紀念。

**1.**採收葡萄豐收期的酒農 (圖片提供 / © Rüdesheim Tourist AG, Photo: Karlheinz Walter) / **2.**葡萄酒釀造師解釋專業知識 (圖片提供 / © Rüdesheim Tourist AG, Photo: Rolf Wölfert) / **3.**品嘗頂級酒莊之一的紅酒 (圖片提供 / © Rüdesheim Tourist AG, Photo: Marlis Steinmetz) / **4.**漫步品酒主題旅遊 (圖片提供 / © Rüdesheim Tourist AG, Photo: Karl Hoffmann)

| 漫步品酒主題旅遊 | 品嘗杯數 | 時間 | 價格 | 主題說明 |
|---|---|---|---|---|
| **漫步呂德斯海姆 (Klein Tour)** | 8杯 | 1.5小時 | €12.5 | 呂德斯海姆已從當地精選出優質的葡萄酒莊，購買行程後，旅客即可拜訪，一間一間漫步品酒。每間酒莊提供品兩款酒，一款由店家挑選，另一款由旅客自行挑選，結束後旅客可將葡萄酒杯留作紀念。 |
| **眺望萊茵河 (Grosse Tour)** | 10杯 | 5.5小時 | €15 | 旅客可搭乘纜車登尼德瓦爾德紀念碑，在享受萊茵河谷無與倫比的景色同時，你也正在朝德國優質的酒莊——Ber's Vinothek邁進。山坡上的頂級葡萄植株，吸收了石板岩土壤的精華。品嘗完山上頂級葡萄酒後，再搭乘郵輪回呂德斯海姆，繼續品酒漫步之旅。結束後旅客亦可將葡萄酒杯留作紀念。 |
| **漫步葡萄酒莊園 (Winewalk)** | 3杯 雷司令酒 (Rüdesheim Riesling) | 1.5小時 | €10 | ■ 集合時間：4～10月以及12月，17:00 \| ■ 集合地點：呂德斯海姆老城區的奈格勒葡萄酒專賣店(Dr. Näglers Weindepot)：Oberstrasse 44, Rüdesheim am Rhein \| ■ 兩人以上，即可立即成行 |

(圖片提供／© Heidelberg Marketing GmbH, Photo: Tobias Schwerdt)

# 海德堡
# Heidelberg

距離法蘭克福78公里，是巴登-符騰堡邦的第五大城市，
許多遊客除了遊玩法蘭克福之外，亦會選擇順道來此旅遊。
海德堡之所以名揚四海成為旅遊勝地，除了其保有中世紀如童話世界般的城堡外，
亦是歐洲最古老的教育機構、德國的菁英大學——海德堡大學坐落於此。
思想家黑格爾(Georg Wilhelm Friedrich Hegel)、詮釋學哲學家伽達默爾(Hans-Georg Gadamer)、當代哲學家哈伯馬斯(Jürgen Habermas)等，都曾於此教授課程或是實習。
海德堡依山傍水如畫般的美麗景色，令學子與遊客流連忘返。

# 行程推薦

(圖片提供 / © Heidelberg Marketing GmbH, Photo: Jan Becke)

➡ 從法蘭克福中央車站搭乘RB68至Heidelberg Bahnhof，總路程約1小時32分 | http www.heidelberg.de

## 海德堡2日遊行程

若旅客的行程時間有限，卻又想一覽海德堡的絕色風光，這裡提供自由行旅遊攻略，旅客可先行購買海德堡觀光票，優惠包含：免費搭乘海德堡市區所有交通工具以及VRN二等車廂火車，附有城堡門票、上山纜車來回票、德國醫藥博物館門票，且另享有當地商家折扣優惠、海德堡導覽指南等，非常推薦。

| 探訪海德堡最省方案 | 價格 | 有效時間 |
|---|---|---|
| 單日票 | €15 | 00:00～24:00 |
| 2日票 | €17 | 首日00:00～<br>次日24:00 |
| 家庭2日票<br>(2成人與3兒童) | €36 | 首日00:00～<br>次日24:00 |

**海德堡中央車站旅遊中心(Heidelberg Tourist AG)** | ✉ Willy-Brandt-Platz 1, 69115 Heidelberg | ☎ +49 (0) 6221 58-44-444 | http www.heidelberg-marketing.de/cn

老橋煙火秀
(圖片提供 / © Heidelberg Marketing GmbH, Photo: Jan Becke)

## Day 1 探訪最古老的海德堡大學城

### 09:30 海德堡山鐵路
**Heidelberger Bergbahn**

搭乘海德堡山鐵路纜車上山，僅需5分鐘即可抵達城堡。

海德堡纜車站

### 09:50 海德堡城堡
**Schloss Heidelberg**

坐落於王座山(Königstuhl)，俯瞰老城區與內卡河(Neckar)，於13世紀建造的海德堡城堡，雖然經過歷史的摧殘與天災的風吹雨打，如今已呈斷垣殘壁，但仍被譽為阿爾卑斯山以北，最著名的文藝復興時代古堡。到了城堡，千萬別忘了也探訪世界最大的葡萄酒桶(Große Fass)。

海德堡城堡冬季夜景
(圖片提供 / © Heidelberg Marketing GmbH, Photo: Udo Filsinger)

10:30 
## 德國醫藥博物館
**Deutsches Apotheken Museum**

於城堡內，設有德國醫藥博物館展區，博物館收藏的百年來德國醫藥學的歷史，譬如當年的藥房、藥品實驗室、藥物品等等。

Mosbach藥房儲藏室
(圖片提供 / © Deutsches Apotheken Museum)

**旅行小抄**

### 博物館提供中文導覽服務

博物館特別針對華文遊客提供中文導覽服務，若有興趣完整了解博物館背後的故事、全世界稀奇藥品的收藏、兩千年醫藥歷史的發展，博物館中文導覽員都能細細訴說，導覽時間約1小時，遊客可預先上網預定。

http www.deutsches-apotheken-museum.de/en/guided-tours

11:20 
## 老城區
**Altstadt**

結束城堡行，即可搭纜車返回老城區。狹長的石頭路，溢滿中世紀歐洲浪漫風情，主街(Hauptstraße)上有一間騎士飯店(Hotel zum Ritter)，是戰後為數不多的倖存建築之一，呈現德國文藝復興晚期的建築風格。

老城區浪漫的歐洲聖誕市集
(圖片提供 / © Heidelberg Marketing GmbH, Photo: Tobias Schwerdt)

14:00 
## 海德堡大學
**Alte Universität**

主街(Hauptstraße)走到中段，即是海德堡的舊大學(Alte Universität Heidelberg)，這裡可購買舊海德堡大學參觀組合票，包含大學博物館(Universitätsmuseum)、舊演講廳(Alte Aula)與學生監獄(Studentenkarzer)。其中學生監獄曾是專門懲罰學生的牢房，當年輕學者行為失態，如酒醉、打鬥或污辱當權者，都會被迫收押入獄閉關，但仍然允許學生繼續上課與學做研究。

海德堡大學舊演講廳
(圖片提供 / © Heidelberg Marketing GmbH, Photo: Jan Becke)

# Day 2 海德堡古蹟健行遊

第二日建議可往聖人山(Heiligenberg)，沿途欣賞山水風光，至山頂瞻仰歷史遺跡。旅途從橫跨內卡河的老橋開始。

09:00 
## 老橋
**Alte Brücke**

老橋最早是由選帝侯卡爾．鐵歐德(Karl Theodor)所建，因此德文正式全名為Karl-Theodor-Brücke，坊間以老橋(Alte Brücke)聞名；橋的南端設有為紀念Karl Theodor的雕像，北端則是智慧女神雕像，當年由於她對選帝侯推動藝術與科學極力支持，以此紀念。而橋門在當年則有收取「過橋費」的作用。

老橋的晨曦美景 (圖片提供 / © Heidelberg Marketing GmbH, Photo: Tobias Schwerdt)

知識充電站

### 老橋上的銅猴

這裡有一個民間傳說，若你來到老橋上，觸摸銅猴左手邊銅鏡，會帶來財富；碰觸銅猴右手手手指，來日會再重返美麗的海德堡；而輕觸銅猴旁的銅鼠，則會多子多孫。其實，這銅猴最初建造時的本意是，其象徵著人類「醜陋」、「無恥」、「淫蕩」與「虛榮」，即是赤裸裸的意義背後，代表著人們的各種「欲望」。

## 09:30 哲學家小徑
**Philosophenweg**

越過童話夢境般的老橋，彼端則是迷人的哲學家小徑(Philosophenweg)。這條小徑是海德堡大學教授與哲學家們，散步至此沉思，同時能享受寧靜內卡河的片刻，因得其名。小徑路上還有一知名的蜿蜒小步道(Schlangenweg)，有如穿過一座美麗的森林，站在這裡的觀景台上，能欣賞不同角度的城市美景。

哲學家小徑一景 (圖片提供 / © Heidelberg Marketing GmbH, Photo: HDM - Heidelberg Marketing)

## 10:00 聖彌額爾修道院
**Michaelskloster**

在哲學家小徑健行約2公里後，即抵聖彌額爾修道院(Michaelskloster)。追溯歷史記載，該地的第一座教堂最初於西元870年所建，直至西元1023年，才完整建造今日所見的修道院遺址，當年是教徒的朝聖地。此外，根據史料記載，到西元1503年時，修道院的尖塔倒塌，不慎壓死3位僧侶，自此之後，修道院即被世人遺忘。迄今縱使剩廢墟遺址，亦是見證千年歷史的遺跡。

## 10:20 圓形露天劇場
**Thingstätte**

離修道院遺跡300公尺的不遠處，是聖人山最知名的「圓形露天劇場遺跡」(Thingstätte)。為什麼說是當代最知名的遺址呢？因為這座劇場是納粹黨於1935年時所建造。二次大戰期間，納粹黨員在此集會與節慶聚會。迄今雖然被當地政府保留為歷史紀念碑，但仍在此舉辦許多慶典與文化活動。

# 購物美食

海德堡
德國知名連鎖巧克力店

## Hussel Confiserie

Hauptstraße 96, 69117 Heidelberg｜+49 (0) 6221 1378-662｜週一～六10:00～19:00，週日12:00～18:00｜視個人預算｜搭乘RB68至Heidelberg Bahnhof，轉乘S1至Heidelberg Altstadt，下車步行約1,000公尺即抵目的地｜建議停留10分鐘｜www.hussel.de

譽有德國高級巧克力連鎖店之稱的Hussel Confiserie，成立於1949年。百年品牌歷史的甜點，縱使流傳至今日，Hussel仍秉持優質原料品質，在製作巧克力方面亦不斷帶給顧客驚喜。精緻美麗的花式巧克力與糖果，讓人難以抵擋將其溶入嘴裡。因此Hussel糖果巧克力店，是外地遊客來到德國，伴手禮口袋名單之一。

Hussel Confiserie海德堡旗艦店

海德堡
浪漫古典客棧餐廳

## Zum Güldenen Schaf

Hauptstraße 115, 69117 Heidelberg｜+49 (0) 6221 20-879｜週一～日11:00～23:00｜平均消費€12～20｜搭乘RB68至Heidelberg Bahnhof，轉乘S1至Heidelberg Altstadt，下車步行約1,000公尺即抵目的地｜建議停留30分鐘｜www.schaf-heidelberg.de

就位在浪漫海德堡之城主街上的Zum Güldenen Schaf，中文意為「金色羊」。餐廳營運已有250年的歷史，迄今仍以以客為尊，熱情招待每位顧客。餐廳提供傳統德式餐點，並定期替換季節性菜單，也供應該區特產的優質葡萄酒。

餐廳亦設有Hip-Hotel旅店，27間經典設計的舒適客房，除此之外，更提供下榻旅客城市導覽的服務。

**1.**傳統德式建築餐廳內觀／**2.**前菜番茄湯與品香醇紅酒／**3.**經典羊排餐點

赫斯特

## 殷勤好客的熊家客棧

# Gasthaus zum Bären

✉Höchster Schlossplatz 8, 65929 Frankfurt-Höchst | ☎+49 (0) 69 3093-43 | 🕒夏季：週一～日11:00～23:00 | $平均消費€12～20 | ➡從法蘭克福搭S1或S2至Höchst Bahnhof，下車步行約6分鐘即抵目的地，總路程約20分鐘 | ⏳建議停留30分鐘 | http www.zumbaeren.net | MAP P.156

Bären中文是「熊」的意思，也是餐廳主人的家族姓氏，歷經兩個世紀的客棧與餐廳，熊家餐廳傳習著殷勤好客的態度，始終秉持爲顧客端上美味道地的德式料理。隨著物換星移，甚至美茵河曾淹沒這片古堡廣場，熊家客棧依然佇立在此。風和日麗的夏季時光，坐在露天廣場前用餐，與古堡廣場相映成一幅美景，似乎時間就在赫斯特暫緩了。

1.熊家客棧與餐館前的露天座位／2.黑森邦傳統綠醬料理

赫斯特

## 夏季花園的野花香

# Alte Zollwache

✉Höchster Schlossplatz 10, 65929 Frankfurt-Höchst | ☎+49 (0) 69 3093-43 | 🕒夏季露天花園：週一～日11:00～23:00，冬季：週一～日11:00～00:00 | $平均消費€12～20 | ➡從法蘭克福搭S1或S2至Höchst Bahnhof，下車步行約6分鐘即抵目的地，總路程約20分鐘 | ⏳建議停留30分鐘 | http www.alte-zollwache.de | MAP P.156

Alte Zollwache中文譯爲「舊海關守衛」之意，依然是歷史悠久的德式傳統餐廳，位在赫斯特海關閘口前。餐廳最出名的就是摘取新鮮野草製作而成的美味餐點。甚至可以與餐廳預約摘取野草的美食課程，與花草專家一同前往野外認識各種可食花草，再返回餐廳烹煮料理，結合德式美食與當地食材的味蕾激盪，饒富趣味。

Alte Zollwache夏季露天花園

呂德斯海姆

## 德式傳統小酒餐館

# Wirtshaus Hannelore

✉Drosselgasse 1 - 2, 65385 Rüdesheim am Rhein | ☎+49 (0) 6722 2290 | 🕒週一～日11:00～23:00 | $平均消費€12～25 | ➡從法蘭克福搭RB10至Rüdesheim(Rhein)Bahnhof，步行約500公尺即抵目的地，總路程約1小時20分 | ⏳建議停留30分鐘 | http www.hannelore-drosselgasse.de

位在呂德斯海姆熱鬧畫眉鳥巷的Hannelore，營運迄今逾60年，最早僅能容納30人座位的客棧，經過逐年改造後，已是當地非常有名的德式傳統小酒餐館。百坪偌大的用餐空間，亦設有Live Music的音樂饗宴，在享用傳統德國美食之餘，亦能細聽德國音樂與亞洲音樂的不同之處。

1.內飾相當傳統的德式小酒餐館／2.德國人亦愛食的鹿肉季節菜單

Travel in Frankfurt

# 法蘭克福旅遊黃頁簿

**遊客在行程上所需要的所有資訊盡皆囊括其中，讓行程規畫得更爲完整，確保旅遊的平安與舒適。**



## 前往與抵達
DEPARTURE & ARRIVAL

### 簽證

自2011年1月11日起，無需簽證即可前往申根會員國(德國爲申根會員及歐盟成員國)進行短期觀光或商務旅遊。持有台灣護照須至少有3個月以上有效期限，6個月內最長可停留90天。若有任何訪德短期旅遊其他疑問，建議可先行查詢德國在台協會官方網站，簽證組不提供電話諮詢服務。

### 旅遊保險

旅客前往德國，雖不需要簽證，但依申根簽證條例規定，旅客前往申根國(包含德國)入境前，皆需加保符合規定的旅遊醫療保險，更多資訊以及符合的保險公司，請旅客出發前先至德國在台協會查詢。

http taipei.diplo.de (選擇「領事暨簽證業務」→簽證→申根國家適用之海外旅遊健康保險須知)

**德國在台協會**

✉ 台北市信義路5段7號33樓
☎ +886 (02) 8722-2820
http www.taipei.diplo.de

### 航空公司

台灣直飛法蘭克福的去程飛行時數約14小時，回程約12.5小時，目前僅有中華航空提供直飛航班，其他航空公司皆需轉機，飛行時數皆不一，可視個人行程選擇航空公司。

### 中華航空德國法蘭克福辦公室

Gutleutstr. 80, 60329 Frankfurt
+49 (0) 69 2970580
週一～五09:00～17:30
www.china-airlines.com/tw/zh

1.華航直飛法蘭克福航班／2.全新商務客艙
(以上圖片提供／© 中華航空公司)

## 入境審查

- 旅客抵達法蘭克福國際機場後，只需出示台灣護照，並確保其仍具有3個月以上的有效期，在入境審查時，出示護照即可入關。
- 另外，也請旅客備妥旅館訂房確認紀錄與付款證明、親友邀請函、旅遊行程表及回程機票，以防海關查驗。
- 若海關仍有疑問，有時也會要求旅客出示足夠維持旅歐期間的財力證明，例如會詢問帶多少現金或有無信用卡，或邀請方資助的證明文件等。
- 法蘭克福海關檢查相較德國其他機場嚴格，前往該城市需多留意。旅客進入歐盟攜帶行李物品基本上須課稅(進口營業稅、進口關稅等)，惟旅客攜帶物品，或者本人自用、家用或是小額禮贈品，即符合免稅資格。

法蘭克福機場海關抽檢旅客攜帶物品
(圖片提供／© Fraport AG Fototeam)

## 出境安檢

國際航線出境建議於起飛前3小時抵達機場報到，尤其需要申辦退稅的旅客，法蘭克福機場退稅手續有時繁複，且排隊等待人潮多，強烈建議提早抵達辦理，完成登機與退稅手續辦理即可前往護照查驗。安檢查驗閘口設在登機門之前，別流連忘返於免稅店之間，也要抓緊時間前往登機閘口接受安檢。

法蘭克福國際機場第2航廈報到櫃檯
(圖片提供／© Fraport AG Fototeam，Photo：Andreas Meinhardt)

## 駐外單位

旅客若於海外發生重大緊急事件或者遺失護照，可就近尋找外交部駐德辦事處協尋求助。

### 駐德國代表處法蘭克福辦事處

Friedrichstrasse 2-6, 60323 Frankfurt am Main, Germany
+49 (0) 69 745-734、+49 (0) 69 745-737
週一～五09:00～17:30
www.roc-taiwan.org/DE/FRA

# 機場與交通
TRANSPORTATION

## 法蘭克福國際機場

法蘭克福國際機場爲德國旅客流量最大的機場，共有兩個航廈，航廈之間設有旅客隧道可步行往返，也可搭乘接駁巴士、Skyline輕軌列車。

從台灣直飛至法蘭克福國際機場皆於第二航廈出境，客機抵達後，沿著提領行李(Gepäkausgabe)的標誌方向前進，會先經過護照查驗，台灣旅客請排在Non-EU(非歐盟國家)的隊伍，將旅行資料準備好，順利查驗後，轉出去即是提領行李區，若旅客行李眾多，建議先備好€2的硬幣，可在行李櫃檯前租借推車。離開提領行李區之前，偶爾會有海關在離開機場前檢查，通常都是隨機抽檢，若無攜帶或違反歐盟海關規定之物品，即可前往城市旅行。

1.機場航廈免費接駁巴士／2.Skyline輕軌列車／3.法蘭克福國際機場第2航廈鳥瞰圖(圖2、3圖片提供／© Fraport AG Fototeam，Photo：Andreas Meinhardt)

## 機場聯外交通

準備離開機場了嗎？若沒有自駕的朋友來接機，可利用下列方式前往市區。

### 計程車

至候機樓外搭乘計程車前往法蘭克福市區，路程大約20分鐘，車資大約€20～25左右，視交通路況而定。

每個航站出口皆有計程車站

### 城際鐵路

前往市區的區際列車有地鐵S8、S9或選擇城際快車ICE。城際車站位於第一航廈的地下室，若旅客從第二航廈入境，建議搭乘航廈間的Skyline輕軌列車於第

1.城際市區鐵路月台／2.城際國際鐵路月台(圖片提供／© Fraport AG Fototeam)

一航廈的Regionalbahnhof（城際市區鐵路月台），或是Fernbahnhof（城際國際鐵路月台）購票。前往市區的各列車種約15分鐘一班，行駛約10～12分鐘左右，車資約€4.8～€13.5。

### 城際穿梭公車

機場亦設有城際穿梭公車，位於第一航廈入境大廳B出口。

城際穿梭公車站台

## 租車駕車指南

安排自駕遊行程且有租車需求的旅客，可前往第一航廈A區的服務中心或是第二航廈的D區2樓找到租車櫃檯。

### 申辦國際駕照

若旅客決定來德國自駕旅行，出國前務必前往監理站申請國際駕照。由於我國駕照現已無需換發，有效期間屆滿後仍屬有效，但國際駕照的期限會和你的本國駕照期限相同。若你的本國駕照快到期了或已到期，建議先換新，再辦國際駕照較妥當。目前新版駕照上的有效欄以「－」表示無期限。

### 常見汽車租賃公司

德國當地習慣開手排車，若旅客有自排車的需求，務必在預約時選擇好車款性能，以免白忙一場。機場內提供以下連鎖租車公司，也是德國當地較多民眾選擇的租車公司：

http **Advantage**：www.advantage.com
http **Avis**：www.avis.com
http **Buchbinder**：www.buchbinder.de
http **Budget**：www.budget.de
http **Enterprise**：www.enterprise.de
http **Europcar**：www.europcar.com
http **Hertz**：www.hertz.de
http **Sixt**：www.sixt.de

法蘭克福機場汽車租賃櫃檯

### 租車程序與須知

■ **選擇車款與了解租金方式**：建議出發前事先於網路租車，並且了解各家租車規範，例如日租費用、全險費用、A地取車B地還車費用等等，為旅程做好完善的規畫。

■ **證件查驗**：網路事先預約的旅客，即可到租車櫃檯出示信用卡、護照、國際駕照與國內中文駕照。請注意，千萬要備齊資料，以免在櫃檯前無法領到租賃車輛。

■ **領取與檢視車況**：領取車輛前，請務必確實檢查車況，如：原車外觀是否已有刮痕、內裝是否異常、里程數以及油量狀況。若有異常，請先拍照然後與租車工作人員反應，確認無誤簽名後即可將車輛駛出。

### 退租須知

還車前務必將租車的汽油加回取車時的油量，並且查詢好還車地點，以免因為延誤還車而罰款。將車駛入規定的還車地點，工作人員檢視車況無異常，將鑰匙、行車文件與停車票卡交給工作人員即完成退租手續。

### 當地交通法規重點

■**禮讓右先行**：右側來車皆有路口優先權，駕駛在路口轉彎處，若無紅綠燈或「優先權」、「讓」標誌，務必遵守右方車先行駛的交通法規，與國內需禮讓直行車不同，自駕者常會疏忽，需多加注意。

■**禮讓行人**：遇行人過人行道或斑馬線需讓對方先通過。

■**留意自行車**：由於德國許多自行車者會橫衝直撞，請自駕者行駛間距保持自行車者1.5公尺以上，以策安全。

■**紅燈禁止右轉。**

■**嚴禁右側超車。**

■**禮讓警消、救護車**：鳴笛時務必讓道。若遇堵車情況，駛超車道者往左避讓，駛行車道者往右避讓。

■**注意限速標誌**：德國並非所有高速公路都無速度限制，旅客千萬別持有高速狂飆的迷思。進入市中心有些路段限速30/50不等，且部分地區設立測速相機，務必遵守限速規則。

■**注意STOP標誌**：若在路口看見STOP標誌，表示行駛該方向的駕駛無行駛優先權。駕駛務必原地等候，檢視無來車才得以前進。

■**駛進高速公路時**：禁止直接駛入主車道，須先於主車道右側閘道行駛，打燈示意後再駛入主車道。

■**若遇塞車**：行駛期間若遇車隊或塞車，影響一般行駛速度，駕駛務必先煞車後打雙閃燈，以警示後方來車減速慢行。

■**行駛圓環時**：圓環內的車輛有先行權，駛進圓環不需打方向燈，但駛離圓環時請打方向燈示意。

■**遇警察攔檢**：務必將車輛靠邊停駛，依警察指示行事，以免節外生枝。

■**違規罰款**：國人常觸犯的交通違規，無非是超速繳款。在租車前，租賃公司必定要求旅客留下信用卡資訊。海外罰單一定都會酌收手續費，還有匯差等問題。但無它法，違規者都必須繳清，否則下次入境時，海關會告知須當場繳清，旅客才得入境。

## 交通工具

### 遊客票種資訊

遊逛法蘭克福有以下幾種票種供選擇，旅客可依已排行程、人數購買適合的方案，以節省旅遊歐洲昂貴的車資。另外需提醒旅客，若所選方案會跨法蘭克福區(代號5000區)，需先與當地車站人員洽詢清楚，否則若在車上被查票人員抓到，將會被收取極高罰款。

#### 法蘭克福卡

■無限次搭乘從機場至市區的大眾運輸交通系統(5000區與5090區)。

■享有26個法蘭克福博物館的折扣，最高達50%。

■享有棕櫚園(Palmengarten)和法蘭克福

動物園(Zoo)50%折扣。

■享有美茵塔(Main Tower)、LaserTag室內雷射槍戰、Rebstockbad水上樂園、Titus Therme SPA中心與Brentanobad水上樂園20%的折扣。

■享有環城觀光遊20%折扣。

■特定商店與餐廳享有各種優惠活動。

| 票種 | 1日票 | 2日票 |
|---|---|---|
| **單人票** | €10.5 | €15.5 |
| **團體票(2～5人)** | €22 | €32 |

**RMV火車票**

■票價依所選區間而異，車資每年皆漲幅，依車站實際售價為主。

■1日票使用期限至隔日凌晨4點或夜間行駛之末班車。

■單人1日票也提供兒童優待價格，可洽車站詢問。

■團體1日票包括成人或6～14歲兒童。

■購買1日票比單程票便宜兩倍以上，建議選擇1日票。

■黑森票(Hessen)週一～五09:00以後，與週日以及節慶日可以搭乘黑森邦所有大眾運輸系統。

■黑森票除了可搭乘法蘭克福大眾運輸系統，也包含美因茲與周邊城市，若旅客需跨區搭乘，建議先與車站人員詢問清楚。

| 票種 | 單人1日票 | 團體票1日票(2～5人) | 黑森票(5人以上) |
|---|---|---|---|
| **攜旅客共乘** | x | v | v |
| **車票轉讓** | x | x | v |

## 火車

德國每個邦都有自己的大眾運輸系統，而RMV則是隸屬黑森邦的大眾運輸系統。因此若在邦內旅遊，可以從官網查詢動態訊息或路線，有時會比德DB(Deutsch Bahn，德國國鐵)更為精準喔。

http www.rmv.de

## S-Bahn

S-Bahn是通勤電車，包含了法蘭克福與鄰近城市等，站點一般為人口流量較高的地方。

## U-Bahn

U-Bahn即所謂的地鐵，站點可觸及法蘭克福內部交通網絡。

U-Bahn

## Tram與Bus

Tram(地面電車)與Bus(公車)的路線，行駛於人口流量較低的鄉間小弄裡。

只要是黑森邦大眾運輸系統，車身皆會顯示RMV，圖為法蘭克福的巴士

## 票價區圖表

法蘭克福屬於50區，買一日票時，票上即顯示Zone 5000。若欲跨區，去其他城市，譬如威斯巴登，屬於65區，那買票時，就要買從Zone 50～Zone 65，如此，購買的車票才會包含兩區的車資。

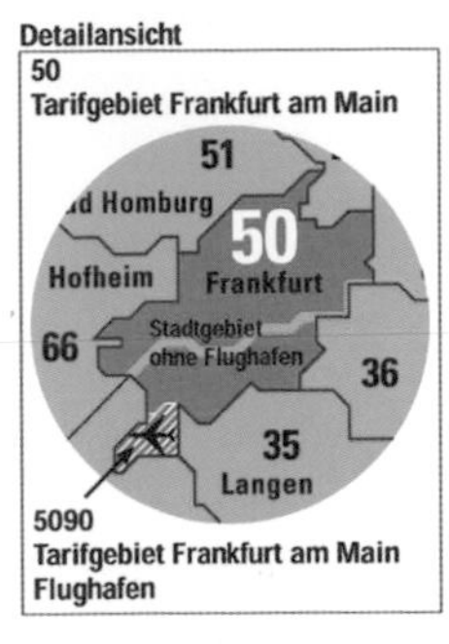


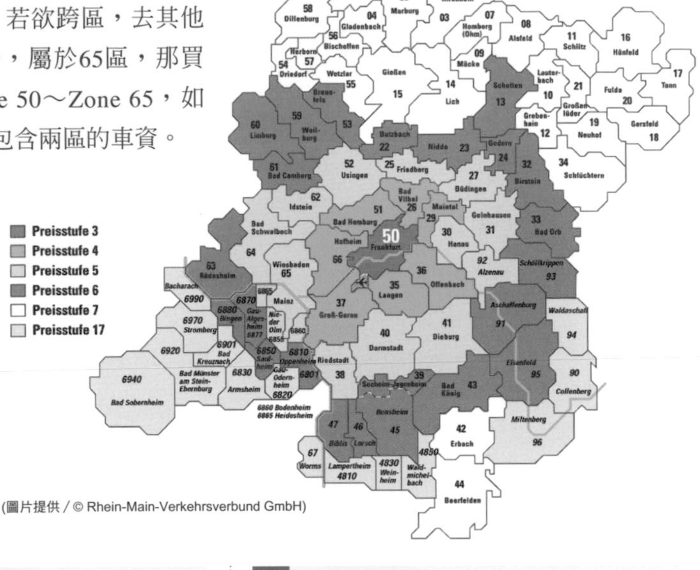


(圖片提供 / © Rhein-Main-Verkehrsverbund GmbH)

## 城市旅遊長途巴士

旅客若要去其他城市旅行，除了高速鐵路外，也有價格平易近人的城市旅遊巴士，法蘭克福火車站有：Bohr、Euro-Lines、FlixBus、Postbus等可供選擇，唯獨搭乘時間相對較長，然而長途巴士上也提供無線網路，可供遊客打發這漫長的冒險路程。

http **FlixBus**：www.fixus.de
http **EuroLines**：www. euroLines.de
http **Postbus**：www. postbus.de
http **Bohr**：www.bohr.de

Flixbus在全德境內的站點涵蓋率最廣

## 共乘社群

除以上選項，遊客尚可選bla bla car，這是一個共乘社群平台，就如同UBER。bla bla car有網頁版與手機APP，旅客選擇自己欲前往的起始城市(von)、最終目的(nach)、日期(Datum)，按搜尋後，網站或應用程式即會跑出當日可駕駛前往的司機，旅客可自行瀏覽駕駛者的評價後，跟駕駛聯繫。bla bla car除了經濟實惠的價格外，也讓共乘者更安全有保障。

http **bla bla car**：www.blablacar.de

## 計程車

若在熱門景點旅遊或是機場，通常都會有計程車，旅客可直接上車告知欲前往地點即可。若在較偏遠地區，可使用mytaxi應用程式先行預約。

http **Mytaxi**：de.mytaxi.com

# 消費與購物

SHOPPING

## 匯率

台幣兌歐元目前約為1：36.5。前往德國旅行前，建議先行查詢當前匯率，亦可使用台銀Easy購外幣現鈔及旅行支票網站服務，匯率比實體銀行優惠一些。

**台灣銀行Easy購**：fctc.bot.com.tw

## 貨幣

德國貨幣單位為歐元(EUR)，紙鈔面額分為€100、€50、€20、€10、€5；硬幣分為€2、€1、50分(Cent)、20分、10分、5分、2分與1分，1歐元可兌換成100分錢，市面上較流通的紙鈔面額為€50。

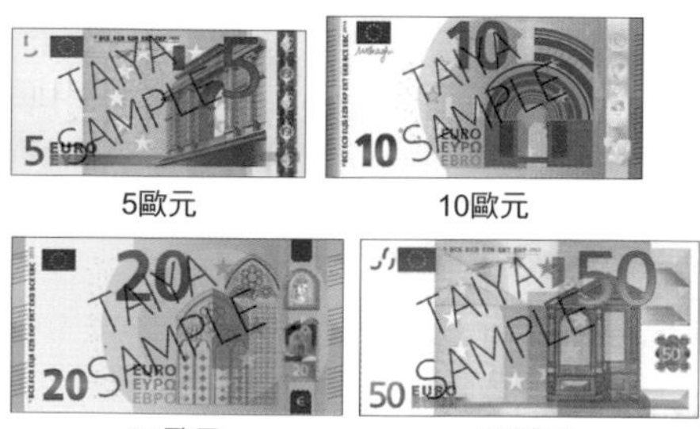

5歐元　10歐元

20歐元　50歐元

100歐元

2歐元　1歐元　50分　20分

10分　5分　2分　1分

當地皆有提款機與外匯兌換處，但都會酌收手續費。德國當地人習慣使用現金支付，但大型商家、飯店與餐廳已漸漸接受主要信用卡。

## 退稅資訊

在德國一般商品稅為19%；食品與書籍為7%。僅有符合以下條件者才能享有退稅優惠：

■非歐盟永久居民。

■持有非歐盟國家3個月以上簽證者，亦是持有旅遊觀光簽者。

■年滿18歲以上者。

德國負責退稅公司主要有Global Blue與Premier兩家，商家若允許退稅，皆會張貼這兩家的貼紙。旅客購買前應先再次確認，商家是否提供退稅服務。法蘭克福退稅較為繁複，旅客請詳讀退稅規則喔！

位在法蘭克福機場的退稅櫃檯

## 折扣日

德國重要打折季，主要分為12月聖誕節前後與7月夏季兩檔最大的折扣季，商家皆自己安排折扣促銷，無固定日期。

## 連鎖商場

法蘭克福的暢貨中心都比較偏遠，書中推薦的連鎖商場、百貨公司，大部分都能滿足旅客的需求，若在打折季購買，還是能替荷包省下許多錢。

## 營業時間

| 名稱 | 營業時間 |
|---|---|
| 大型連鎖百貨公司 | 週一～五09:00(10:00)～21:00<br>週六09:00～21:00／週日休息 |
| 大型連鎖超市 | 週一～六08:00～22:00／週日休息 |
| 藥局 | 週一～六08:00～21:00／週日休息 |
| 市區郵局 | 週一～五09:30～19:00<br>週六09:30～14:00／週日休息 |

## 小費資訊

一般來說，德國餐廳已包含服務費，然而通常德國人還是會多給一些小費，譬如餐點的10%，或是總金額以外，每一個人多付€1或是50分，依自己的意願給付。

# 日常生活資訊
Living Information

## 打電話

德國的國際電話代碼是+49。德國的電話號碼從4～9位數都有。非緊急建議直接撥打網路電話較便宜，若在飯店打國際電話將會被收取撥打費用。「+」的發打方式是長按手機「0」。

### 從台灣打電話到法蘭克福

| | 台灣國際冠碼+ | 德國國碼+ | 區域號碼+ (去首碼0) | 電話號碼 |
|---|---|---|---|---|
| 撥打市話 | 002/009/019等 | 49 | 69(法蘭克福) | 室內電話 |
| 手機撥打德國手機 | - | 49 | - | 手機號碼(去首碼0) |
| 市話撥打德國手機 | 002/009/019等 | 49 | - | 手機號碼(去首碼0) |
| 撥打台灣漫遊手機 | +886 | - | - | 台灣手機號碼(去首碼0) |
| 舉例 | 市話：撥打到駐德國台北代表處室話，電話： (030)203610，撥號：002 49 30 203610<br>手機：撥打到駐德國台北代表處手機，電話：01713898257，撥號：+49 1713898257 | | | |

### 從法蘭克福打電話回台灣

| | 德國國際冠碼+ | 台灣國碼+ | 區域號碼+ (去首碼0) | 電話號碼 |
|---|---|---|---|---|
| 撥打市話 | 00或+ | 886 | 2(台北) | 室內電話 |
| 撥打手機 | 00或+ | 886 | - | 手機號碼(去首碼0) |
| 舉例 | 市話：撥打到中華民國外交部室話，電話：(02)23482999，撥號：886 2 23482999<br>手機：撥打到台灣友人手機，電話：0910222888，撥號：+886 910222888 | | | |

### 在法蘭克福打當地電話

| | 德國國際冠碼+ | 台灣國碼+ | 區域號碼+ | 電話號碼 |
|---|---|---|---|---|
| 撥打市話 | - | - | 069(法蘭克福) | 室內電話 |
| 撥打德國手機 | - | - | - | 直撥手機號碼 |
| 撥打台灣漫遊手機 | 00 | 49 | - | 手機號碼(去首碼0) |
| 舉例 | 市話：撥打到駐德國台北代表處室話，電話：(030)203610，撥號：030 203610<br>手機：撥打到駐德國台北代表處手機，電話：01713898257，撥號：01713898257 | | | |

## SIM卡

在各大電信業者或德國超市，旅客皆可購買行動預付卡，並且有義務出示身分證明(如護照)。然而德國預付卡由於近期反恐怖主義活動，而有新的法規上路，讓外地旅客使用預付卡非常不易。

繁複的程序，是購卡後的開卡認證手續，若選擇自己開通卡片，需先上網做視訊認證，但經常找不到台灣國家之選項，旅客還需去當地郵局做實名身分認證。因此建議可以直接到電信門市選擇方案購買SIM卡，請門市直接爲你開通預付卡。

可選擇Vodafone電信公司，購買後請店員立即開卡最爲方便；另需提醒旅客，德國無吃到飽上網方案，且免費網路熱點比台灣相對少許多，建議在門市依使用所需，選擇適合方案。

此外，歐盟已開通歐盟國跨境漫遊費用，旅客只要在歐盟地區旅遊，皆可使用所選則的方案上網。

http **Vodafone：** www.vodafone.com

在網路上先看好所需資費，再到門市購買SIM卡

## 上網

購買預付卡上網，基本上熱門旅遊景點與鬧區都可收到4G網路。法蘭克福中央車站有提供1小時免費網路，其他當地部分商家或是連鎖百貨公司，亦提供免費無線網路，然而，德國的網路速度與台灣相比，速度較慢，旅客須先有心理準備。

**請注意：**在德國相當保護智慧財產權，因此旅客來德國旅遊，不管你是使用公用還是私宅網路，譬如旅遊時住在Airbnb，千萬不行進行非法下載，例如：種子電影下載。一旦觸法，即會連累他人重罰，筆者也曾收到近€1,000的罰緩，請旅客自重。

## 郵政

若要寄明信片回家給自己或親友，可以到德國郵政(Deustche Post)，明信片隸屬當地的Brief，資費如下：

| 重量 | 價格 |
|---|---|
| 20g以下(德國境內) | €0.70 |
| 50g以下(德國境內) | €0.85 |
| 500g以下(德國境內) | €1.45 |
| 1000g以下(德國境內) | €2.60 |
| 從德國寄到台灣 | €0.90 |

## 時差

法蘭克福有夏季日光節約時間，因此在每年3月最後週日～10月最後週日採用格林威治標準時間GMT+1，與台灣時間相差慢6小時。2～9月則是GMT+2，此時與台灣時間相差慢7小時。

## 電壓

220～230V，50Hz，標準插頭爲歐規的雙腳插頭，旅客需預先備好轉接頭。

## 氣候

位在德國西部的法蘭克福，屬於溫帶海洋性氣候，但近幾年氣候經常不穩定。冬季最寒冷的月分大約在1～2月，低溫平均-1°C，最高溫約5°C。4月屬於變化無常的月分，一日內可體會春夏秋冬四季的無奈，偶落雪，偶放晴，旅客需注意穿衣。夏季雖然短，但非常舒服，尤其7～8月算是盛夏，低溫平均14°C，最高溫約25°C。

### 法蘭克福每月平均氣候

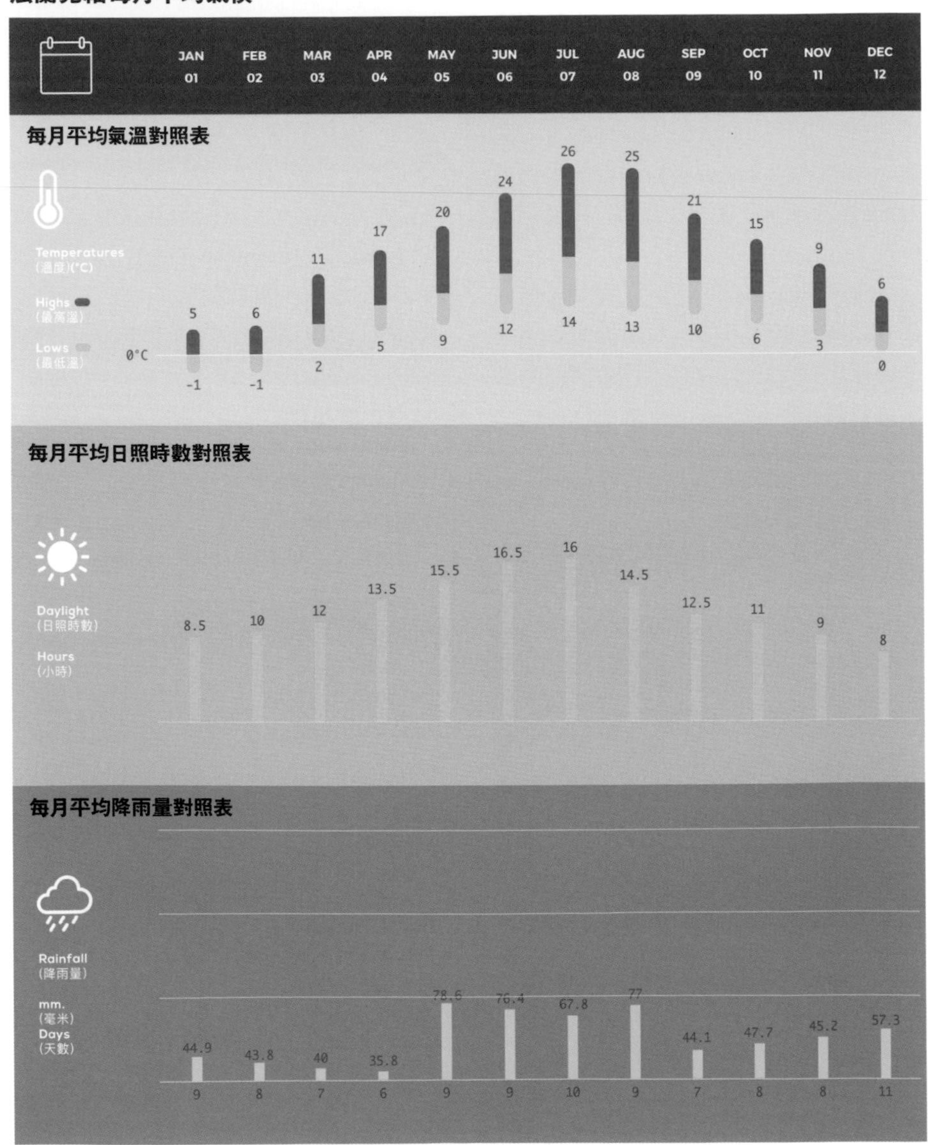

## 治安狀況

根據德國治安統計，近幾年來法蘭克福犯罪率較以往低，市區部分或其他郊外地方，治安還算可以，但在中央車站與紅燈區附近，有時會看到許多遊民或吸毒者游蕩，請旅客提高警戒心，隨身物品妥善放好，錢財不要露白，以防萬一。其實旅外應隨時提高警覺，注意安全，別讓歹徒有任何非分之想。

# 觀光客服務台
TRAVEL INFORMATION

## 旅客服務中心

若需要索取或諮詢旅遊資訊，譬如熱門景點、大眾運輸購票資訊或是其他資訊，可至遊客中心詢問。

### 法蘭克福中央車站旅客服務中心
### Tourist Information Hauptbahnhof (Main Train Station)

✉ Hauptbahnhof, Empfangshalle 60329 Frankfurt am Main
☎ +49 (0) 2123-8800
🕒 週一～五08:00～21:30，週六～日09:00～18:00
http www.frankfurt-tourismus.de/en

法蘭克福國際機場旅客服務中心

### 法蘭克福羅馬廣場旅客服務中心
### Tourist Information Römer

✉ Römerberg 27, 60311 Frankfurt am Main
☎ +49 (0) 2123-8800
🕒 週一～五09:30～17:30，週六～日09:30～16:00
http www.frankfurt-tourismus.de/en

### 法蘭克福國際機場旅客服務中心
### Travel Center Frankfurt Airport

✉ Frankfurt am Main Flughafen Fernbahnhof, Ebene 3, 60549 Frankfurt am Main
☎ +49 (0) 2651-055
🕒 週一～日06:00～22:30

## 節慶與假日

| 節慶與假日 | 日期 |
|---|---|
| 新年 Neujahr | 1/1 |
| 耶穌受難日 Karfreitag | 3/30 |
| 復活節星期一 Ostermontag | 4/2 |
| 勞動節 Tag der Arbeit | 5/1 |
| 耶穌受難日 Christi Himmelfahrt | 5/10 |
| 5旬節星期一 Pfingstmontag | 5/21 |
| 基督聖體節 Fronleichnam | 5/31 |
| 德國國慶日(德國統一日) Tag der Deutschen Einheit | 10/3 |
| 聖誕節 Weihnachtsfeiertag | 12/25 |
| 聖誕節第二日 Weihnachtsfeiertag | 12/26 |

法蘭克福市在羅馬廣場舉辦約1個月浪漫耶誕氣氛濃厚的聖誕市集 (圖片提供／© Frankfurt Tourist+ Congress Board, Photo: Holger Ullmann)

## 緊急電話

緊急電話：110(警察局)；112(救護車／火警)。

### 國人旅外緊急救助專線

急難救助電話專供緊急求助之用(如車禍、搶劫、有關生命安危之情況等)，非急難重大事件，請勿撥打；一般護照、簽證等事項，請於上班時間以辦公室電話查詢。

- 急難救助手機專線：+49(0)171-314-7552、+49(0)172-636-9723
- 急難救助手機專線境內直撥：0171-314-7552、0172-636-9723

## 實用APP

**RMV**：萊茵河-美茵河區的交通運輸系統，旅遊法蘭克福建議下載此應用程式，輸入起點與終點，會比Google地圖更精準的告知所需搭乘路線與時間。

**tripadvisor**：想在德國尋找美食，推薦這款tripadvisor，是在地人習慣使用的餐廳評分應用程式。

**DB**：查詢全德國高鐵與火車路線，旅客若需前往其他城市旅遊，建議下載該應用程式，以供查詢火車時間與是否取消或誤點。

**mytaxi**：預約計程車應用程式。

**lonelyplanet**：旅客可預先下載欲前往的城市地圖，即可離線查詢地圖與觀光景點，是實用的應用程式。

**blabla**：若旅客欲前往其他城市旅遊，另一經濟實惠的方案就是共乘。bla bla Car共乘應用程式，是一個方便與安全有保障的共乘平台，顯示駕駛的優良資料，輸入欲前往城市，應用程式即會篩選出適合司機，是非常實用的APP。

## 超好用對照表

Useful Form

### 尺碼對照表

| 女裝 | | 男裝 | |
|---|---|---|---|
| 國際 | 歐洲 | 國際 | 歐洲 |
| XXXS | 30～32 | | |
| XXS | 32～34 | | |
| XS | 34 | | |
| S | 34～36 | S | 46 |
| M | 38～40 | M | 48 |
| L | 42 | L | 50 |
| XL | 44 | XL | 52 |
| XXL | 46 | XXL | 54 |
| | | XXXL | 56 |

## 常用德文指指點點

| | | |
|---|---|---|
| **Hallo**<br>哈囉 | **Guten Morgen**<br>早安 | **Guten Tag**<br>午安 |
| **Guten Abend**<br>晚安 | **Schönen Tag.**<br>祝你有愉快的一天 | **Danke**<br>謝謝 |
| **Vielen Dank.**<br>非常謝謝你 | **Bitte schön / Bitte**<br>不客氣 | **Gern geschehen.**<br>我的榮幸 |
| **Ja**<br>是的 | **Nein**<br>不 / 不是的 | **Es tut mir leid.**<br>對不起 |

| | |
|---|---|
| **Entschuldigung.**<br>不好意思 | **Entschuldigen Sie bitte.**<br>不好意思，請問一下 |
| **Das verstehe ich nicht.**<br>我不是很清楚這個意思 | **Ich spreche kein Deutsch.**<br>我不會說德語 |
| **Sprechen Sie English?**<br>你會說英文嗎？ | **Wo ist die Toilette?**<br>請問洗手間在哪呢？ |
| **Wo ist die U-Bahn?**<br>請問地鐵在哪呢？ | **Wie viel kostet das?**<br>請問總共多少錢呢？ |
| **Kann ich bezahlen, bitte?**<br>可以幫忙結帳嗎？ | **Stimmt so.**<br>不用找了 |
| **Ich komme aus Taiwan.**<br>我來自台灣。 | **Meine Name ist _______.**<br>我的名字是 _______ 。 |
| **Wo ist der Hauptbahnhof?**<br>請問火車站在哪裡？ | **Haben Sie WIFI hie ?**<br>請問這裡可以上網嗎？ |
| **Darf ich das anprobieren?**<br>可以試穿嗎？ | **Gibt es eine Ermäßigung?**<br>有折扣嗎？ |
| **Könnten Sie bitte etwas langsamer sprechen?**<br>請問可以講慢一點嗎？ | **Gibt es die Speisekarte auf Englisch?**<br>請問有沒有英文菜單呢？ |
| **Kann ich mit der Kreditkarte bezahlen?**<br>可以用信用卡結帳嗎？ | **Wo kann man Telefonkarte kaufen ?**<br>哪裡可以買電話卡？ |

# 個人旅行書系

有行動力的旅行．從太雅出版社開始

太雅，個人旅行，台灣第一套成功的旅遊叢書，媲美歐美日，有使用期限，全面換新封面的Guide-Book。依照分區導覽，深入介紹各城市旅遊版圖、風土民情，盡情享受脫隊的深度旅遊。

「你可以不需要閱讀遊記來興起旅遊的心情，但不能沒有旅遊指南就出門旅行……」台灣的旅行者的閱讀需求，早已經從充滿感染力的遊記，轉化為充滿行動力的指南。太雅的旅遊書不但幫助讀者享受自己規畫行程的樂趣，同時也能創造出獨一無二的旅遊回憶。

113
**法蘭克福**
作者／賈斯云

112
**華盛頓D.C.**
作者／安守中

111
**峇里島**
作者／陳怜朱(PJ大俠)

110
**阿姆斯特丹**
作者／蘇瑞銘(Ricky)

109
**雪梨**
作者／Mei

108
**洛杉磯**
作者／艾米莉(Emily)

107
**捷克．布拉格**
作者／張雯惠

106
**香港**
作者／林姷妁

105
**京都．大阪．神戶．奈良**
作者／三小a

104
**首爾．濟州**
作者／車建恩

103
**美國東岸重要城市**
作者／柯筱蓉

100
**吉隆坡**
作者／瑪杜莎

099
**莫斯科・金環・聖彼得堡**
作者／王姿懿

098
**舊金山**
作者／陳婉娜

095
**羅馬・佛羅倫斯・威尼斯・米蘭**
作者／潘錫鳳、陳喬文、黃雅詩

094
**成都・重慶**
作者／陳玉治

093
**西雅圖**
作者／施佳瑩、廖彥博

092
**波士頓**
作者／謝伯讓、高薏涵

091
**巴黎**
作者／姚筱涵

090
**瑞士**
作者／蘇瑞銘

088
**紐約**
作者／許志忠

075
**英國**
作者／吳靜雯

074
**芝加哥**
作者／林云也

047
**西安**
作者／陳玉治

042
**大連・哈爾濱**
作者／陳玉治

038
**蘇州・杭州**
作者／陳玉治

301
**Amazing China：蘇杭**
作者／吳靜雯

## 深度旅行

114 **印尼爪哇：雅加達・萬隆・日惹・泗水**
作者／陳怜朱(PJ大俠)

113 **波蘭自助超簡單**
作者／蜜拉・葉士愷

112 **澳門自由行：7條路線懶人包**
作者／梁詠怡

111 **用鐵路周遊券輕鬆玩東日本**
作者／摩那卡・瓦拉比

110 **沙漠國家探索之旅：摩洛哥・埃及・約旦**
作者／陳慧娟

109 **羅馬、梵蒂岡深度之旅**
作者／潘錫鳳

108 **日本中部深度之旅：愛知・三重・靜岡・岐阜・長野・富山**
作者／阿吉

107 **Slow東京**
作者／蔡欣妤

106 **雲南旅行家：昆明・大理・麗江**
作者／甯育華

105 **日本東北深度之旅**
作者／三小a

103 **旅戀日本岡山：附山陰地區**
作者／李思嫺

102 **紐西蘭旅行家**
作者／舞菇

101 **用鐵路周遊券輕鬆玩西日本**
作者／摩那卡・瓦拉比

100 **香港自己的味道**
作者／Esther

099 **義大利尋藝之旅**
作者／蕭佳佳

098 **德國旅行家**
作者／林呈謙

097 **溫哥華深度之旅**
作者／海馬老爸

095 **首爾旅行家**
作者／Helena(海蓮娜)

093 **中國7城創意新玩法**
作者／賴雅婷・王微瑄

092 **東京OUT：橫濱・箱根・鎌倉・江之島**
作者／三小a

090 **澳門食尚旅行地圖**
作者／梁詠怡

089 **倫敦旅行家**
作者／林庭如

088 **美國中西部驚嘆之旅**
作者／許正雄・陳美娜

087 **西班牙深度之旅：馬德里・巴塞隆納・瓦倫西亞**
作者／宋良音

084 **Check in首爾**
作者／權多賢

080 **Check in東京**
作者／林氏璧

077 **Traveller's東京聖經**
作者／許志忠

076 **泰北清邁享受全攻略**
作者／吳靜雯

075 **聖地之旅：以色列・約旦・黎巴嫩・敘利亞**
作者／邱世崇

073 **島力全開！泰High全攻略**
作者／小王子(邱明憲)

067 **眞愛義大利**
作者／吳靜雯

066 **野性肯亞的華麗冒險**
作者／黃嘉文・吳盈光

057 **Traveller's曼谷泰享受**
作者／吳靜雯

046 **Traveller's波士頓**
作者／周蔚倫

## 搭地鐵系列

104 **搭地鐵玩遍大邱**
作者／Helena(海蓮娜)

094 **搭地鐵玩遍紐約**
作者／孫偉家

086 **搭地鐵玩遍曼谷**
作者／葉志輝

082 **搭地鐵玩遍釜山**
作者／Helena(海蓮娜)

079 **搭地鐵玩遍首爾**
作者／索尼客

070 **搭地鐵玩遍倫敦**
作者／李思瑩・英倫懶骨頭

069 **搭地鐵玩遍新加坡**
作者／但敏

062 **搭地鐵玩遍香港**
作者／三木

061 **搭地鐵玩遍北京**
作者／黃靜宜

059 **搭地鐵玩遍東京**
作者／孫偉家

053 **搭地鐵玩遍上海**
作者／葉志輝

## 夢起飛系列

505 **紐西蘭自助旅行**
作者／林伯丞

504 **騎在天使安排的道路上**
作者／張永威

503 **用馬拉松旅行世界**
作者／劉憶萱(江湖一品萱)

502 **英國開車玩一圈**
作者／Burger Bus英式漢堡店小夫妻Edison & SaSa

501 **走！到法國學廚藝**
作者／安東尼

## Day by Day系列

602 **下飛機Day by Day，愛上京・阪・神・奈**
作者／飄兒

601 **下飛機Day by Day，愛上舊金山**
作者／李朵拉

## 打工度假系列 夯！

So Easy 095
**開始到日本打工度假**
作者／高函郁

So Easy 093
**開始到英國打工度假・留學**
作者／陳銘凱

So Easy 088
**開始到美國打工度假**
作者／高函郁

So Easy 084
**開始到加拿大打工度假**
作者／陳玉琳

So Easy 038
**開始到紐西蘭打工度假**
作者／蔡弦峰

世界主題 096
**澳洲打工度假，送給自己勇氣的一年**
作者／Lewis・Vivi

世界主題 091
**澳洲打工度假：墨爾本・布斯本・雪梨三大城市邊賺邊**
作者／黃奧登・艾芙莉

世界主題 081
**澳洲打工度假一起Cooking!**
作者／Soda・Terry

世界主題 065
**澳洲打工度假聖經**
作者／陳銘凱

個人旅行 113

# 法蘭克福

## 附：巴特瑙海姆、陶努斯山、赫斯特、威斯巴登、呂德斯海姆、海德堡

作　　者　賈斯云

總 編 輯　張芳玲
發想企劃　taiya旅遊研究室
企劃編輯　林孟儒
主責編輯　林孟儒
封面設計　許志忠
美術設計　許志忠
地圖繪製　許志忠

國家圖書館出版品預行編目資料

法蘭克福／賈斯云 作．一初版．
一臺北市：太雅，2018.09
面；　公分．一（個人旅行；113）
ISBN　978-986-336-258-6（平裝）
1.自助旅行　2.德國法蘭克福
743.759　　107010407

太雅出版社
TEL：(02)2882-0755　FAX：(02)2882-1500
E-MAIL：taiya@morningstar.com.tw
郵政信箱：台北市郵政53-1291號信箱
太雅網址：http://taiya.morningstar.com.tw
購書網址：http://www.morningstar.com.tw
讀者專線：(04)2359-5819 分機230

出 版 者　太雅出版有限公司
台北市11167劍潭路13號2樓
行政院新聞局局版台業字第五〇〇四號

總 經 銷　知己圖書股份有限公司
台北：台北市106辛亥路一段30號9樓
TEL：(02)2367-2044／2367-2047　FAX：(02)2363-5741
台中：台中市407工業30路1號
TEL：(04)2359-5819　FAX：(04)2359-5493
E-mail：service@morningstar.com.tw
網路書店：http://www.morningstar.com.tw
郵政劃撥：15060393 (知己圖書股份有限公司)

法律顧問　陳思成律師

印　　刷　上好印刷股份有限公司　TEL：(04)2315-0280
裝　　訂　大和精緻製訂股份有限公司　TEL：(04)2311-0221

初　　版　西元2018年09月01日
定　　價　370元
(本書如有破損或缺頁，退換書請寄至：台中市工業30路1號　太雅出版倉儲部收)

ISBN　978-986-336-258-6
Published by TAIYA Publishing Co.,Ltd.
Printed in Taiwan

編輯室：本書內容為作者實地採訪的資料，書本發行後，開放時間、服務內容、票價費用、商店餐廳營業狀況等，均有變動的可能，建議讀者多利用書中的網址查詢最新的資訊，也歡迎實地旅行或是當地居住的讀者，不吝提供最新資訊，以幫助我們下一次的增修。聯絡信箱：taiya@morningstar.com.tw

黏貼裝訂處(請勿使用釘書針)

(請沿此虛線壓摺)

這次購買的書名是：

# 個人旅行：法蘭克福 (個人旅行 113)

＊01 姓名：________________ 性別：□男 □女 生日：民國________ 年

＊02 手機(或市話)：________________

＊03 E-Mail：________________

＊04 地址：□□□□□ ________________

＊05 你選購這本書的原因

1. ________ 2. ________ 3. ________

06 你是否已經帶著本書去旅行了？請分享你的使用心得。

很高興你選擇了太雅出版品，將資料填妥寄回或傳真，就能收到：1.最新的太雅出版情報／2.太雅講座消息／3.晨星網路書店旅遊類電子報。

## 填問卷，抽好書 (限台灣本島)

凡填妥問卷(星號＊者必填)寄回、或完成「線上讀者情報上傳表單」的讀者，將能收到最新出版的電子報訊息，並有機會獲得太雅的精選套書！每單數月抽出10名幸運讀者，得獎名單將於該月10號公布於太雅部落格與太雅愛看書粉絲團。

參加活動需寄回函正本(恕傳真無效)。活動時間為即日起～2019/06/30

以下3組贈書隨機挑選1組

**放眼設計系列2本** (隨機)

**手工藝教學系列2本** (隨機)

**黑色喜劇小說2本**

填表日期：________年________月________日

**太雅出版部落格**
taiya.morningstar.com.tw

**太雅愛看書粉絲團**
www.facebook.com/taiyafans

**旅遊書王**(太雅旅遊全書目)
goo.gl/m4B3Sy

**線上讀者情報上傳表單**
goo.gl/kLMn6g

(請沿此虛線裁剪)

黏貼裝釘處(請勿使用釘書針)

(請沿此虛線壓摺)

| 廣　告　回　信 |
|---|
| 台灣北區郵政管理局登記證 |
| 北台字第12896號 |
| 免　貼　郵　票 |

太雅出版社 編輯部收


台北郵政53-1291號信箱

電話：(02)2882-0755

傳真：(02)2882-1500


(若用傳真回覆，請先放大影印再傳真，謝謝！)

(請沿此虛線壓摺)

太雅部落格 http://taiya.morningstar.com.tw

有行動力的旅行，從太雅出版社開始

(請沿此虛線裁剪)